킥테니스

KB191834

킥테니스

발행일	2025년 1월 16일		
지은이	전인철	감수	홍철호
펴낸이	손형국		
펴낸곳	(주)북랩		
편집인	선일영	편집	김현아, 배진용, 김다빈, 김부경
디자인	이현수, 김민하, 임진형, 안유경	제작	박기성, 구성우, 이창영, 배상진
마케팅	김회란, 박진관		
출판등록	2004. 12. 1(제2012-000051호)		
주소	서울특별시 금천구 가산디지털 1로 168, 우림라이온스밸리 B동 B111호, B113~115호		
홈페이지	www.book.co.kr		
전화번호	(02)2026-5777	팩스	(02)3159-9637

ISBN 979-11-7224-450-7 03690 (종이책) 979-11-7224-451-4 05690 (전자책)

잘못된 책은 구입한 곳에서 교환해드립니다.
이 책은 저작권법에 따라 보호받는 저작물이므로 무단 전재와 복제를 금합니다.
이 책은 (주)북랩이 보유한 리코 장비로 인쇄되었습니다.

(주)북랩 성공출판의 파트너

북랩 홈페이지와 패밀리 사이트에서 다양한 출판 솔루션을 만나 보세요!

홈페이지 book.co.kr • **블로그** blog.naver.com/essaybook • **출판문의** text@book.co.kr

작가 연락처 문의 ▸ ask.book.co.kr

작가 연락처는 개인정보이므로 북랩에서 알려드릴 수 없습니다.

사단법인 대한킥테니스협회
Korea KICKtennis Association
www.7330.or.kr

대한민국의 새로운 스포츠

킥테니스

전인철 지음 | 홍철호 감수

SBS 런닝맨 킥테니스 3:3 경기 방송

대학 교재 『Let's Go New Sports』 수록

어디서나 쉽고,
재미있게!
건강과 즐거움을
동시에 잡는
K-스포츠의
새로운
패러다임!

북랩

스포츠로 행복한 대한민국, 킥테니스와 함께 만들어갑니다

Korea KICKtennis Association

스포츠는 단순한 신체 활동을 넘어, 건강한 삶과 행복한 사회를 만드는 강력한 도구입니다. 그러나 현실에서 많은 사람들이 구기 종목에 대한 두려움과 어려움으로 인해 스포츠의 즐거움을 포기하고 있습니다. 빠른 공, 넓은 장소, 기술 부족 등은 스포츠 참여의 장벽이 되어왔습니다.

이러한 문제를 해결하고자 탄생한 킥테니스(KICKtennis)는 대한민국의 창조적인 스포츠 콘텐츠입니다. 킥테니스는 공이 빠르지 않아 누구나 쉽게 시작할 수 있으며, 장소와 날씨에 구애받지 않고 즐길 수 있는 스포츠입니다. 이 운동은 남녀노소 누구나 참여할 수 있는 열린 스포츠로, 팀 스포츠의 유대감과 팔다리 균형 운동으로 건강 증진 효과를 동시에 제공합니다.

대한킥테니스협회는 '어디서나 쉽게, 재미있게, 건강하게 운동하자'라는 목표로 2014년부터 공익 캠페인을 펼치며 국민 건강 증진과 생활체육 활성화를 위해 노력하고 있습니다. 킥테니스는 제6회 스페인 세계직장인체육대회(WSG)에도 참가하며 K-스포츠의 위상을 세계에 알렸고, 현재는 다양한 학교 체육 및 동호회 활동에 도입되어 긍정적인 변화를 일으키고 있습니다.

세계보건기구(WHO)와 여러 연구가 강조하듯이, 규칙적인 신체 활동은 심장질환, 당뇨 등 질병 예방뿐 아니라 우울증과 스트레스 완화에도 효과적입니다. 팀 스포츠는 사회적 소속감을 높이고, 정서적 안정과 자기 존중감을 키우며, 건강한 사회 구성원으로 화합하는 데 큰 도움을 줍니다. 특히, 학생들이 학교에서 다양한 구기 종목을 경험하며 신체적, 정신적 성장을 이룰 수 있는 기회를 제공하는 것은 매우 중요한 과제입니다.

이 책은 '스포츠로 행복한 대한민국'이라는 목표를 실현하기 위해, 킥테니스의 이론과 실제를 독자들이 이해하기 쉽도록 구성했습니다. 킥테니스는 단순한 스포츠를 넘어, 건강한 삶의 도구이자 사회적 연결의 매개체로서 여러분 곁에 자리하고자 합니다.

여러분도 킥테니스를 통해 스포츠와 친해지고, 신체적 건강뿐만 아니라 정서적 안정과 유대감을 키워보세요. 체육 활동이나 친구들과의 여가 시간에 킥테니스가 여러분의 새로운 도전이자 즐거움이 되기를 기대합니다.

운동은 건강을, 건강은 행복을, 행복은 우리 모두를 연결합니다. 킥테니스와 함께 더 건강하고 행복한 대한민국을 응원합니다.

2025년 1월
사단법인 대한킥테니스협회
협회장 전인철

차례

제1장
킥테니스 소개

제2장
킥테니스의 특징

1

킥테니스 소개

1
킥테니스
재미와 건강을 함께 추구하는 새로운 스포츠!

킥테니스란?

킥테니스는 우리나라에서 탄생한 신나는 구기 종목이에요! 배드민턴, 테니스처럼 네트를 사이에 두고 공을 주고받지만, 특별한 점은 바로 라켓으로 받고 **발로 공을 찬**다는 거예요. 2002년 스포츠 개발자 전인철이 벽에 공을 차는 '벽치기'를 하다가 처음 생각해낸 운동이랍니다.

킥테니스의 역사

- **탄생**: 2002년, 스포츠 개발자 전인철이 공 벽치기를 하다가 킥테니스를 처음 생각했어요.
- **발전**: 안전하고 누구나 쉽게 즐길 수 있도록 라켓과 공을 특별히 만들었어요.
- **협회 설립**: 2014년 사단법인 대한킥테니스협회가 만들어지면서 경기 규칙과 기술이 정해졌어요.
- **세계로 뻗어나가다**: 2019년 스페인에서 열린 세계직장인체육대회에 참가해서 킥테니스를 알렸어요.
- **미래**: 올림픽 정식 종목이 되는 것을 목표로 열심히 노력하고 있어요.

2
킥테니스가 추구하는 것

- **특별한 라켓과 공**: 킥테니스 라켓은 짧고 가벼우며, 공은 속도가 느려서 안전하게 즐길 수 있어요.
- **누구나 쉽게**: 어렵지 않아서 남녀노소 누구나 즐길 수 있어요.
- **건강**: 몸을 움직이면서 건강도 챙길 수 있어요.
- **재미**: 친구들과 함께 즐기면 더욱 재미있어요.

What is KickTennis?

A Special kick
short and lightweight,
short for slow speed?

HEALTH BENEFITS
for slow speet?

for SLOW SPEET?

Healthy benefits
bottles plesiase
for or slow speed?

FUN FUN?

킥테니스를 왜 해야 할까요?

- **건강한 삶**: 킥테니스를 통해 몸을 건강하게 만들 수 있어요.
- **행복한 사회**: 사람들과 함께 운동하면서 우정을 쌓고 행복한 사회를 만들 수 있어요.

대한킥테니스협회의 목표

대한킥테니스협회는 '어디서나 쉽게, 재미있고 건강하게 운동하자'라는 목표를 가지고 있어요. 많은 사람들이 킥테니스를 통해 건강하고 행복한 삶을 살 수 있도록 노력하고 있답니다.

2

킥테니스의 특징

1
구기 종목에 대한 고민

구기종목에 대한 고민

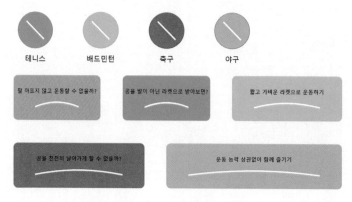

모두가 즐기는 새로운 구기 종목, 킥테니스!

운동을 잘하지 못하는 사람이 쉽게 즐길 수 있는 구기 종목을
고민하며 테니스, 배드민턴, 축구, 야구, 탁구, 족구 등 다양한
운동을 시도했습니다.

- 팔 아프지 않고 운동할 수 없을까?
- 공을 발이 아닌 라켓으로 받아보면 어떨까?
- 라켓이 길어서 운동 덜 되고 무거운데, 짧고 가벼우면 어떨까?
- 공이 빨라서 구기 종목을 잘 못하는데, 공을 어떻게 천천히 날아갈 수 있게 할까?
- 운동 능력(상급, 초급)에 상관없이 함께 운동할 수는 없을까?

많은 생각과 시행착오 끝에 구기 종목의 장점을 모아 누구나 쉽게 배울 수 있는 킥테니스 종목과 구기 12종목 기초 기술을 습득하고 종합평가 가능한 킥테니스 등급표를 개발하여, 지금은 구기 종목에 대한 두려움 없이 남녀노소 누구나 즐길 수 있는 새로운 구기 종목으로 자리매김하게 되었습니다.

2024년 7월 21일에는 SBS TV 프로그램 '런닝맨'의 '2024 파리올림픽 빗속의 성화를 지켜라' 편에 킥테니스(KICKtennis) 3:3 경기가 유재석 팀(하하, 송지효, 강훈)과 김종국 팀(지석진, 양세찬, 지예은)으로 방송되어 남녀가 함께 즐길 수 있는 종목으로서 전 국민에게 많은 관심을 받았습니다.

SBS TV 프로그램 '런닝맨'의 '2024 파리올림픽 빗속의 성화를 지켜
라' 편 중 킥테니스(KICKtennis) 3:3 경기 유튜브 영상
- www.youtube.com/watch?v=6_T-urzfb7Q

2
운동 효과와 장점

킥테니스의 효과

킥테니스(KICKtennis)는 대한민국에서 탄생한 구기 종목이며, 라켓 길이가 53㎝로 짧습니다. 공은 폴리우레탄 재질의 공 안에 고무 공이 들어 있는 망 구조로 제작되어 공기 저항을 높여 속도를 줄였습니다. 이러한 설계 덕분에 리시브가 쉬워 쉽게 즐길 수 있으며, 남녀노소, 초·중·상급자 모두가 즐길 수 있는 스포츠입니다.

킥테니스는 팔과 발을 동시에 사용해 운동의 균형을 유지하며, 신체 접촉이 없어 안전합니다. 장소나 날씨에 구애받지 않고 실내외 어디서든 쉽게 즐길 수 있습니다. 규칙도 간단하여 누구나 참여 가능하며, 다양한 운동 효과와 즐거움을 제공합니다.

킥테니스의 다양한 운동 효과로는 민첩성, 순발력, 판단력, 집중력, 근지구력 등이 있으며, 지속적인 운동 시 폐활량 증가 및 성인병 예방에도 도움이 됩니다. 전신 운동 특성상 기초 체력과 상·하체 균형 조율 능력, 유연성, 탄력 향상에 좋습니다. 또한, 저비용으로 실내외에서 쉽게 즐길 수 있으며, 스트레스 해소와 친목 도모에 적합합니다.

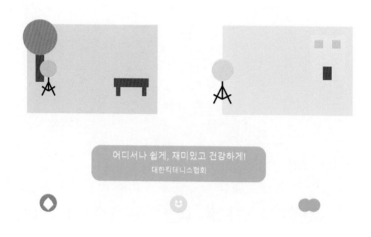

어디서나 쉽게, 재미있고 건강하게!
대한킥테니스협회

준비운동

킥테니스를 안전하게 즐기기 위해서는 경기에 앞서 철저한 준비운동이 필요합니다. 준비운동은 부상을 예방하고 경기 중 최상의 컨디션을 발휘할 수 있도록 합니다.

킥테니스 준비운동 가이드

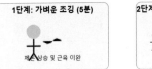

1단계: 가벼운 조깅 (5분)

체온 상승 및 근육 이완

2단계: 전신 스트레칭 (10-15초씩)

주요 근육 스트레칭

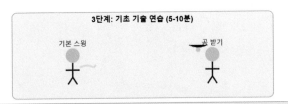

3단계: 기초 기술 연습 (5-10분)

기본 스윙   공 받기

주의사항: 각 단계를 충실히 수행하여 부상을 예방하고 최상의 경기력을 발휘하세요!
특히 발목, 무릎, 허벅지 근육의 스트레칭에 집중하세요.

- **가벼운 조깅**: 5분 동안 가볍게 주변을 조깅하여 체온을 올립니다. 이렇게 하면 근육이 이완되고 몸이 따뜻해져 부상의 위험이 줄어듭니다.

- **전신 스트레칭**: 가벼운 조깅 후에는 전신 스트레칭을 실시합니다. 다리, 팔, 허리, 목 등 주요 근육을 중심으로 스트레칭을 진행합니다. 각 부위를 약 10~15초씩 천천히 늘려줍니다. 특히 발목과 무릎, 허벅지 근육을 집중적으로 스트레칭하는 것이 좋습니다.

- **기초 기술 연습**: 스트레칭이 끝나면 간단한 기초 기술 연습을 약 5~10분간 실시합니다. 라켓을 들고 기본적인 스윙 연습

과 공을 리시브하는 연습을 해보세요. 이렇게 하면 본격적인 경기에 앞서 몸이 더 잘 준비될 수 있습니다.

이러한 준비운동 과정을 통해 부상을 예방하고 경기력을 향상시킬 수 있습니다. 준비운동을 꾸준히 실천하여 부상 없이 건강하고 즐거운 킥테니스 경기를 즐기시기 바랍니다.

3
다른 스포츠와의 차이점

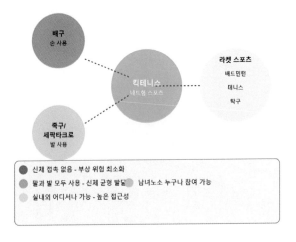

킥테니스의 특징과 다른 스포츠와의 비교

다양한 스포츠 요소를 결합한 창조적인 네트형 스포츠

배구
손 사용

킥테니스
네트형 스포츠

라켓 스포츠
배드민턴
테니스
탁구

족구/
세팍타크로
발 사용

● 신체 접촉 없음 - 부상 위험 최소화
● 팔과 발 모두 사용 - 신체 균형 발달   ● 남녀노소 누구나 참여 가능
● 실내외 어디서나 가능 - 높은 접근성

킥테니스(KICKtennis)는 다양한 스포츠 요소를 결합한 창조적
인 네트형 스포츠입니다. 손을 사용하는 배구, 발을 사용하는

족구 및 세팍타크로, 그리고 라켓을 사용하는 배드민턴, 테니스, 탁구의 요소를 한데 모았습니다.

 킥테니스는 상대 선수와의 신체 접촉이 없어 부상 위험이 적으며, 팔과 발을 모두 사용하기 때문에 신체의 균형 발달에도 도움이 됩니다. 또한 공간 제약이 적고, 실내외 어디서든 플레이가 가능해 남녀노소 누구나 쉽게 접근할 수 있다는 장점이 있습니다.

4
킥테니스가 걸어온 길

- 2002년: 대한킥테니스협회장이자 『The theory and practice of KICKtennis』의 저자인 스포츠 개발자 전인철에 의해 킥테니스가 처음 공 벽치기를 하면서 시작
- 2002~2014년: 킥테니스 종목명, 교재, 용품(공, 라켓, 네트 등) 제작 및 개발
- 2014년 7월 25일: (사)대한킥테니스협회 창설, 킥테니스 구기 종목 대한민국에서 탄생
- 2015년 3월 1일: 킥테니스 종목 대학 교재에 수록(『Let's Go New Sports』, ㈜와이북스)
- 2017년 12월 15일: 킥테니스 용품(공, 라켓, 네트) 국립체육박물관에 유물로 기증
- 2018년 3월 17일: 대한직장인체육회에 킥테니스협회 회원단체 종목으로 등록

- 2018년 12월 1일: 서울산업진흥원(SBA) 서울 어워드 우수상품으로 선정
- 2019년 7월 2일: 제6회 스페인 세계직장인체육대회(WSG)에 참가
- 2020년 6월 30일: 서울관광재단에서 서울의 대표 체험관광 상품으로 선정
- 2021년 8월 17일: 대한생활체육회에 킥테니스협회 회원단체 종목으로 등록
- 2021년 8월 19일: 경북교육청에서 초등(특수)학교 스포츠 강사 70명을 대상으로 직무 연수를 실시
- 2021년 8월 26일: 경기도 사회적 가치 생산품 공동 브랜드 '착착착' 우수기업으로 선정
- 2022년 7월 1일: 세계킥테니스연맹(World KICKtennis Federation) 창설 - www.WKF.kr
- 2022년 8월 22일: 광주광역시 교육청에서 초등 스포츠 강사 역량 강화 연수 실시
- 2023년 8월 28일: 미국 The theory and practice of KICK tennis 저작권 등록
- 2024년 7월 21일: SBS 런닝맨에서 킥테니스 3:3 종목 경기 방송 - '2024 파리올림픽 빗속의 성화를 지켜라'
- **앞으로:** 전국체전, 아시안게임, 올림픽 정식 종목 채택

제 기16 - 012 호

유 물 수 증 증 서

(사)대한칙테니스협회 귀하

귀하께서 기증하신 칙테니스 용품 등
5점의 유물을 최선을 다하여 보존하고
전시와 학술연구에 적극 활용하여, 유물을
기증하신 귀하의 큰 뜻을 기리고자 이 증서를
드립니다.

2017년 10월 13일

국민체육진흥공단이사장

Certificate of Registration

This Certificate issued under the seal of the Copyright Office in accordance with title 17, *United States Code,* attests that registration has been made for the work identified below. The information on this certificate has been made a part of the Copyright Office records.

Shira Perlmutter

United States Register of Copyrights and Director

Registration Number
TX 9-310-348
Effective Date of Registration:
August 28, 2023
Registration Decision Date:
September 14, 2023

Title

Title of Work: The theory and practice of KICKtennis

Completion/Publication

Year of Completion: 2020
Date of 1st Publication: May 10, 2021
Nation of 1st Publication: Korea, South

Author

- **Author:**   INCHEOL JUN
  Author Created: text
  Work made for hire: No
  Citizen of: Korea, South
  Domiciled in: Korea, South
  Year Born: 1966

Copyright Claimant

Copyright Claimant: INCHEOL JUN
29 Gimpo-daero 2270beon-gil, Tongjin-eup, Gimpo-si, Gyeonggi-do, Korea, South

Rights and Permissions

Organization Name: Revolution IP
Email: mail@revolutioniplaw.com
Telephone: (571)989-1568
Address: 2000 Duke Street, suit 300
Alexandria, VA 22314 United States

Certification

Name: Sangwon Kim
Date: August 28, 2023

KICKtennis 미국 저작권등록증서

5
킥테니스의 비전

　킥테니스는 '구포자 없는 행복한 세상'을 목표로 합니다. 이 스
포츠는 남녀노소 누구나 쉽게 즐길 수 있는 운동으로, 건강과 친
목을 증진시키며 활기찬 일상을 만들어가겠습니다.
　킥테니스의 비전은 단순히 국내에서의 인기만이 아니라, 전
세계적으로 네트워크를 확장하는 것입니다. 이를 통해 많은 사
람들이 킥테니스를 즐기며 더 건강하고 행복한 삶을 살 수 있도
록 하겠습니다.

건강한 삶

행복한 사회

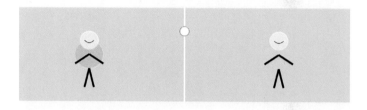

- **접근성**: 나이, 성별, 운동 경험에 상관없이 누구나 쉽게 배울 수 있는 스포츠입니다.
- **건강 증진**: 팔과 발을 동시에 사용하는 운동으로, 균형 잡힌 신체 발달과 다양한 운동 효과를 제공합니다.
- **친목 도모**: 킥테니스는 가족, 친구, 동료들과 함께 즐길 수 있는 운동으로, 사회적 유대감을 강화합니다.
- **세계적 확장**: 전 세계적으로 킥테니스 네트워크를 확대해 더 많은 사람들이 킥테니스를 즐길 수 있도록 하겠습니다.

킥테니스는 다음과 같은 슬로건을 가지고 있습니다.
'Let's go happy world KICKtennis.'

킥테니스

3

킥테니스 용구

1
킥테니스 실내 공인구

킥테니스 실내 공인구(모델명: KT-B100)

킥테니스 실내 공인구(모델명: KT-B100, 디자인 특허 제30-0840158호, 국립체육박물관 유물)는 폴리우레탄 재질과 이중 공 설

계로 만들어져 킥테니스 경기에 최적화된 공입니다.

- **재질**: 폴리우레탄과 고무
- **형태**: 폴리우레탄 공 안에 고무 공이 들어 있는 구조
- **크기**: 지름 10㎝
- **무게**: 56g(허용 오차 ±5g)
- **특징**
  - 에너지 분산: 킥을 했을 때 가해지는 에너지를 1차적으로 32개의 구멍으로 구성된 폴리우레탄 망 구조물로 분산시킵니다.
  - 에너지 흡수: 2차적으로 고무 재질로 만든 공이 에너지를 흡수합니다.
  - 속도 저감: 3차적으로 망 구조 공이 날아가면서 공기 마찰력을 일으켜 공의 속도를 줄입니다.
  - 반발력: 공인구는 1.5m 높이에서 떨어뜨렸을 때 60~80㎝ 높이로 튀어 오릅니다.

이러한 특성의 킥테니스 공은 경기를 더욱 안전하고 즐겁게 만듭니다. 공의 이중 설계와 부드러운 재질 덕분에 누구나 쉽게 다룰 수 있으며, 다양한 운동 효과를 기대할 수 있습니다.

KT-B100 공에 바람 넣는 방법

킥테니스 공에 올바르게 바람을 넣는 방법은 다음과 같습니다.

- **공기 주입기**: 공기 주입기 구멍을 엄지손가락 첫마디 넓은 부위로 막습니다. 이렇게 하면 바람이 새지 않도록 할 수 있습니다.
- **공기 주입 바늘 사용**: 공기 주입 바늘을 공의 바람 넣는 부위가 손상되지 않게 직각(90°) 방향으로 매우 부드럽게 밀어 넣습니다. 바늘이 공에 손상을 주지 않도록 주의합니다.
- **공기 주입**: 공기 주입기 구멍을 엄지로 막고 바깥 공과 안쪽 공이 맞붙어 사이에 빈틈이 없게 될 때까지 펌프질을 반복

해 공기를 주입합니다.

- **공기 주입 바늘 제거**: 공기 주입이 끝나면 엄지를 막은 상태에서 공기 주입 바늘을 빠르게 뽑아줍니다. 이때 공기 주입 바늘이 공에 손상을 주지 않도록 주의합니다.

이 과정을 통해 킥테니스 공에 적절하게 바람을 넣어 안전하게 경기를 즐길 수 있습니다.

2
킥테니스 실내외 공인구

킥테니스 실내외 공인구(모델명: KT-B200)

    킥테니스 실내외 공인구는 폴리우레탄 재질로 제작되어 실내 외에서 모두 사용 가능한 공입니다.

- **재질**: 폴리우레탄
- **형태**: 폴리우레탄 공
- **크기**: 지름 7.5㎝
- **무게**: 45g(허용 오차 ±3g)
- **특징**

 - 소프트 재질: 부드러운 폴리우레탄 재질로 만들어져 안전하며, 부상의 위험이 적습니다.
 - 안전성: 공의 재질이 부드러워 어린이부터 성인까지 모두 안전하게 사용할 수 있습니다.
 - 다양한 사용: 실내외 어디서든 사용 가능하여 장소에 구애받지 않고 킥테니스를 즐길 수 있습니다.

3
킥테니스 공인 라켓

킥테니스 공인 라켓(모델명: KT-R400)

　킥테니스 공인 라켓(모델명: KT-R400, 디자인 특허 제30-0812337호, 국립체육박물관 유물)은 알루미늄 재질로 제작되어 견고하면서도 가볍습니다.

- **재질**: 알루미늄, 나일론
- **전체 길이**: 53㎝
- **망 테두리 폭**: 22㎝
- **무게**: 160g(허용 오차 ±15g)
- **특징**
  - 길이와 무게: 코트에서 최대한의 운동 효과를 내기 위해 라켓의 길이는 짧고, 무게는 가볍습니다.
  - 효율성: 짧은 길이와 가벼운 무게로 인해 팔과 손목의 부담을 줄여주고, 빠르고 민첩한 움직임을 가능하게 합니다.
- **간단 비교**
  - 길이: 탁구 라켓의 두 배 정도
  - 무게: 배드민턴 라켓의 두 배 정도

이 라켓은 킥테니스 경기에 최적화된 설계로, 모든 연령대와 다양한 수준의 선수들이 쉽게 사용할 수 있습니다. 짧은 길이와 가벼운 무게 덕분에 더 빠르고 정교한 플레이가 가능합니다.

4
킥테니스 네트

킥테니스 네트(모델명: KT-N500)

킥테니스 네트(모델명: KT-N500)에는 단식과 복식이 있습니다.

- 네트 높이: 82㎝
- 단식 네트 길이: 5.1m
- 복식 네트 길이: 6.1m
- 특징: 킥테니스 네트 높이는 수학적으로 가장 아름답다고 여겨지는 황금비율(Golden Ratio)을 따릅니다. 황금비

율은 약 1:1.618로 표현됩니다. 킥테니스 네트의 높이는 5.1m(510㎝)의 16.18%에 해당하는 82㎝(82.518㎝)입니다. 이는 네트의 길이와 높이 사이에 조화를 이루어 최고의 경기력과 안정감을 제공합니다.

경기장 규격에 따라 네트 높이를 조절하여 경기의 효율성을 높이고, 다양한 경기 환경에 맞게 사용할 수 있습니다.

5
킥테니스 공 공기 주입기

킥테니스 공 공기 주입기(모델명: KT-BA800)

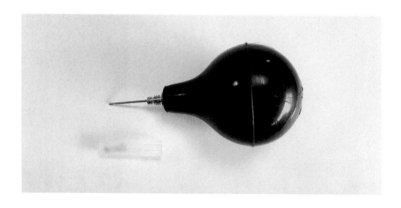

    킥테니스 공 공기 주입기 모델 KT-BA800은 공에 바람을 넣을 때 사용합니다.

* 전체 길이: 7.7㎝

                                               킥테니스

- 바늘 길이: 1.7㎝
- 고무통 지름: 3.7㎝
- 무게:12g(허용 오차 ±2g)
- **보관 시 주의 사항**

 - 공기 주입 바늘 찔림 사고 예방을 위해 항상 바늘 케이스에 보관합니다.
 - 바늘 케이스 안쪽에는 미량의 액체가 있어서 공기 주입 시 바늘을 부드럽게 삽입하도록 도와줍니다.
 - 바늘을 사용할 때에는 조심스럽게 다루어야 하며, 사용 후에는 반드시 케이스에 넣어 보관합니다.

4

경기 규정

1
경기장 규격

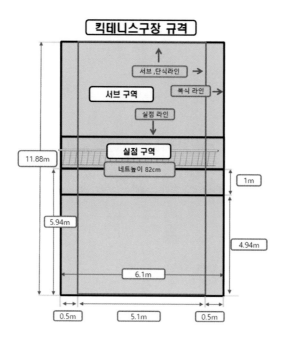

킥테니스구장 규격

서브,단식라인

서브 구역

복식 라인

실점 라인

실점 구역

네트높이 82cm

11.88m

1m

5.94m

4.94m

6.1m

0.5m 5.1m 0.5m

킥테니스

- **킥테니스 구장**: 가로 6.1m, 세로 11.88m
- **서브 / 단식 라인**: 가로 5.1m, 세로 5.94m
- **실점 라인**: 네트에서 1m 거리
- **여유 공간**: 바깥 라인에서 1m 이상
- **바닥 재질**: 탄성 포장재, 마룻바닥, 아스팔트, 콘크리트 등
  다양한 재질 가능
- **네트 높이**: 경기장 가로 길이 5.1m의 16.18%인 82㎝
- 계산 방법: 510㎝(5.1m) × 16.18% ≒ 82㎝(82.518㎝)

2
경기 방법

경기 인원

- **단식**: 각 팀 1명
- **복식**: 각 팀 2명
- **다인 경기**: 각 팀 3명 이상
- **복단식**: 2명 대 1명
- **단체전**: 남녀 포함하여 3:3, 4:4 등의 인원으로 구성

경기 점수

- **단식(1명)**: 11점

- 복식(2명 이상): 15점

경기 등급

생활 스포츠 선수는 킥테니스 등급표를 참고해 본인의 실력에 맞는 초급, 중급, 상급을 선택해 경기를 진행합니다.

서브 순서

동전을 던져 서브권 또는 코트를 먼저 선택합니다.

서브 규칙

경기 중인 선수는 누구나 서브를 넣을 수 있습니다. 서브된 공은 반드시 한 번 바운드된 후 리시브해야 합니다.

서브권

랠리에서 이긴 팀이 서브권을 얻습니다.

점수 규칙

경기 중 성공하거나 실패할 때마다 1점을 얻거나 잃게 됩니다. 이를 각각 득점과 실점이라고 합니다.

승패 결정

- **단식**: 11점을 먼저 달성한 팀이 세트를 이깁니다.
- **복식**: 15점을 먼저 달성한 팀이 세트를 이깁니다.

10점(복식은 14점) 상황에서 듀스가 발생하면 2점을 연속으로 득점하거나, 15점(복식은 20점)에 도달한 팀이 승리합니다.
1선승제, 2선승제, 3선승제, 4선승제, 5선승제 경기를 진행할 수 있습니다.

코트 교대

세트가 끝나면 코트를 교대합니다. 마지막 세트에서는 한 팀이 6점(복식은 8점)에 도달했을 때 코트를 바꿉니다.

킥테니스 점수

점수는 1은 "일", 2는 "이", 3은 "삼" … 10은 "십", 11은 "십일"로 부릅니다. 경기 중 점수는 서브를 넣은 팀의 점수를 먼저 불러야 합니다.

※ 예) 1-0: "일 대 영", 2-1: "이 대 일", 3-1: "삼 대 일", 4-1: "사 대 일", 5-1: "오 대 일", 6-1: "육 대 일"

3
경기 규칙

공 접촉 횟수

한 팀이 공을 접촉하는 횟수는 최대 4회(2바운드, 2터치)이고, 한 팀 3인 이상일 경우 최대 6회입니다.

- **첫 터치**: 리시브를 담당하는 선수
- **나머지 터치**: 공격을 담당하는 선수들

초급

- **서브팀**: 노 바운드 라켓 서브(서브 시 킥테니스 공을 코트 바닥으

로부터 1m 아래에서 쳐야 합니다)

- **수비팀**: 원 바운드 이내 라켓 리시브, 원 바운드 이내 라켓 공격

중급

- **서브팀**: 노 바운드 발 서브
- **수비팀**: 원 바운드 이내 라켓 리시브, 원 바운드 이내 발 공격

상급

- **서브팀**: 노 바운드 발 서브
- **수비팀**: 원 바운드 이내 라켓 리시브, 노 바운드 발 공격

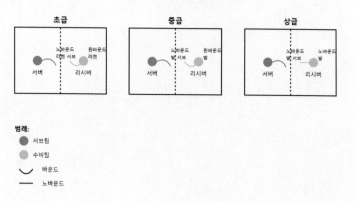

킥테니스 난이도별 규칙

초급 | 중급 | 상급

범례:
- ● 서브팀
- ● 수비팀
- ︶ 바운드
- — 노바운드

실점 규칙

경기 중 다음과 같은 상황에서 실점이 발생합니다.

킥테니스 실점 규칙 설명

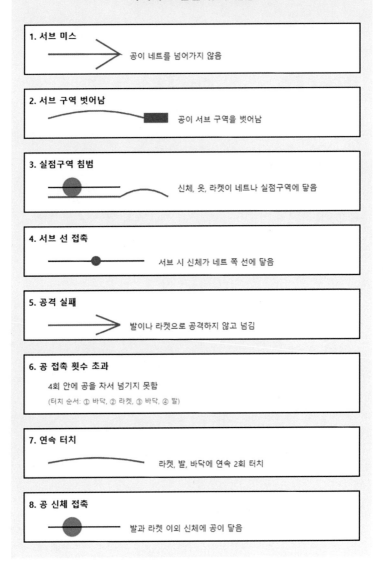

1. 서브 미스

공이 네트를 넘어가지 않음

2. 서브 구역 벗어남

공이 서브 구역을 벗어남

3. 실점구역 침범

신체, 옷, 라켓이 네트나 실점구역에 닿음

4. 서브 선 접촉

서브 시 신체가 네트 쪽 선에 닿음

5. 공격 실패

발이나 라켓으로 공격하지 않고 넘김

6. 공 접촉 횟수 초과

4회 안에 공을 차서 넘기지 못함

(터치 순서: ① 바닥, ② 라켓, ③ 바닥, ④ 발)

7. 연속 터치

라켓, 발, 바닥에 연속 2회 터치

8. 공 신체 접촉

발과 라켓 이외 신체에 공이 닿음

- **서브 미스**: 서브한 공이 네트를 넘어가지 않은 경우
- **서브 구역 벗어남**: 공이 서브(득점) 구역을 벗어나는 경우
- **실점 구역 침범**: 경기 중 선수의 신체, 옷, 라켓 등 공 이외의 부분이 네트를 넘어가거나 실점 구역이나 네트에 닿는 경우
- **서브 선 접촉**: 서브 시 신체가 네트 쪽 서브 선이나 선 안에 닿는 경우
- **공격 실패**: 발 또는 라켓으로 공격하지 않고 공이 상대편에게 넘어가는 경우
- **공 접촉 횟수 초과**: 4회 안에 공을 차서 상대편으로 넘기지 못한 경우
- 터치 순서: 바닥 → 라켓 → 바닥 → 발(초급의 경우 라켓), 단, 한 팀에 3인 이상일 경우 최대 6회
- **연속 터치**: 공이 라켓 타구면, 발, 바닥에 연속 2회 터치된 경우
- **공 신체 접촉**: 공이 발과 라켓의 타구면 이외의 신체, 의복 등에 닿는 경우
- **실내 천장**: 공이 실내 천장에 닿는 경우

※ 공 네트 터치는 정상 플레이

4
심판의 신호

모든 신호는 호루라기 소리와 함께 시작됩니다.

전달 내용	신호 설명
양 팀 간의 인사	양팔을 벌려 지면과 수평으로 펼쳤다가, 손끝이 얼굴 앞에서 만나도록 합니다.
서브 시작	서브할 팀을 손으로 가리킨 후, 상대 팀 방향으로 팔을 뻗습니다.
볼 아웃	양 손바닥을 위로 한 채, 두 팔을 지면과 수평으로 앞으로 펼쳤다가 몸 쪽으로 접습니다.
볼 인	손으로 공이 떨어진 해당 지점을 가리킵니다.
작전 타임	양손을 T자로 만든 후, 요청한 팀을 가리킵니다.
득점 및 소유권	득점한 팀이나 소유권을 얻은 팀 쪽으로 손을 뻗습니다.
투 터치	검지와 중지로 V자를 만들어 손을 들어 보입니다.
실점 구역 침범	손으로 실점 구역을 가리킵니다.

바디 터치	자신의 몸을 가볍게 두드립니다.
경기 종료	가슴 앞에서 두 팔을 교차시킵니다.

5

라켓 잡는 방법

1
라켓을 지면과 가로로 잡는 방법(수평 그립)

개인의 신체 조건과 특성에 맞는, 가장 편안하고 효율적인 라켓 잡는 방법을 찾는 것이 중요합니다.

- **라켓 면을 지면과 평행하게 잡기**: 이 방법은 라켓을 자연스럽게 땅에 놓은 상태에서 그대로 들어 잡는 방식입니다. 손목을 비틀지 않고 편안하게 잡아야 하며, 이를 통해 공을 라켓의 넓은 면으로 쉽게 받을 수 있습니다.
- **안정감 있는 리시브**: 이 그립 방식은 안정적이며, 공이 짧거나 길게, 혹은 좌우나 위에서 어떤 방향으로 오더라도 유리하게 리시브할 수 있습니다.
- **다양한 구질에 대응**: 이 가로 그립 방식은 다양한 구질의 공을 처리하기에 유리한 장점이 있어 초보자부터 상급자까지 추천되는 방법입니다.

2
라켓을 지면과 세로로 잡는 방법(수직 그립)

- **라켓 면을 지면과 수직으로 잡기:** 이 방법은 라켓을 땅에 90°로 세워 잡는 방식입니다.
- **자연스럽게 악수하듯이 잡기:** 팔, 어깨, 손목에 힘을 빼고 악수

하듯이 편안하게 잡습니다. 이 자세는 손목의 유연성을 높여 다양한 각도로 공을 컨트롤하기에 적합합니다. 특히 옆으로 빠르게 날아오는 공에 대응할 때 유리한 장점이 있습니다.

6

킥테니스 킥의 종류

1
발 안쪽 킥

발 안쪽 킥이란?

발 안쪽 킥은 발의 안쪽 부분, 즉 복사뼈 아래의 넓은 부위를
이용해 공을 차는 기술입니다. 발의 넓은 면을 사용해 공을 안
정적으로 맞힐 수 있어 다양한 방향과 속도로 공을 조절하는 데
유리합니다.

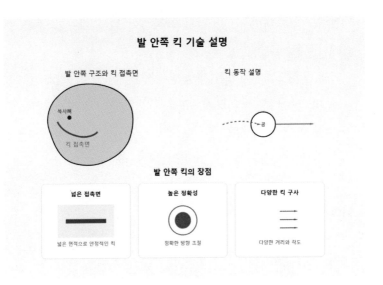

발 안쪽 킥 기술 설명

발 안쪽 구조와 킥 접촉면   킥 동작 설명

복사뼈

킥 접촉면

공

발 안쪽 킥의 장점

넓은 접촉면	높은 정확성	다양한 킥 구사
넓은 면적으로 안정적인 킥	정확한 방향 조절	다양한 거리와 각도

발 안쪽 킥의 특징

① 장점

- **볼과 닿는 면적이 넓다**: 발 안쪽 킥은 발의 넓은 면을 사용하여 공을 차기 때문에 공과의 접촉 부분이 넓습니다. 이로 인해 공의 중심에 닿는 면이 커져 공을 더욱 안정적으로 차기 쉬워집니다.
- **정확성과 안정성이 높다**: 발 안쪽 킥은 발의 넓은 면을 사용하여 공을 차기 때문에 공을 원하는 방향으로 더 정확하게 보

낼 수 있습니다. 또한 킥의 안정성이 높아 실수를 줄일 수 있습니다.

- **다양한 각도와 거리 조절 가능**: 발 안쪽 킥은 공을 길게, 짧게, 높게, 낮게 혹은 빠르게, 느리게 차는 등 다양한 방식으로 조절할 수 있어 경기를 더욱 유리하게 진행할 수 있습니다. 특히 상대를 속이는 기술에 적합합니다.

② 단점

- **볼에 전달되는 힘이 약하다**: 발 안쪽 킥은 발의 넓은 면을 사용해 공을 차기 때문에 강한 힘을 전달하기 어렵다는 단점이 있습니다. 따라서 힘이 필요한 롱킥이나 강하게 때리는 파워풀한 킥보다는 정확성이 요구되는 공격에 적합합니다.

연습 방법

① 기본 자세 연습

준비 자세에서 발 안쪽으로 공을 차는 연습을 합니다. 이때 공이 원하는 방향으로 안정적으로 나가는지 확인합니다.

② 거리 조절 연습

목표물을 설정한 후, 발 안쪽 킥으로 공을 차서 목표에 도달하도록 연습합니다. 처음에는 가까운 거리부터 시작하여 점차 거리를 늘려갑니다.

③ 속도와 각도 조절 연습

공의 속도와 높낮이를 조절해가며 발 안쪽 킥의 정확성을 높이는 연습을 합니다.

2
발등 킥

발등 킥이란?

 발등 킥은 발의 위쪽 부분, 즉 발목에서 발가락까지의 앞부분 2/3를 사용하여 공을 차는 방법입니다. 주로 발등의 넓고 단단한 면을 사용하여 강한 힘을 전달할 수 있어, 강력한 킥이나 멀리 보내는 킥에 효과적입니다.

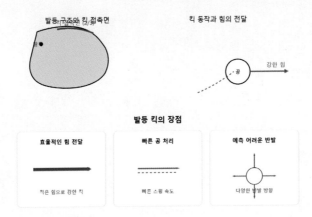

발등 킥 기술 설명

발등 구조와 킥/접촉면

킥 동작과 힘의 전달

강한 힘

공

발등 킥의 장점

효율적인 힘 전달

적은 힘으로 강한 킥

빠른 공 처리

빠른 스윙 속도

예측 어려운 반발

다양한 반발 방향

발등 킥의 특징

① 장점

- **힘을 적게 들이고 강한 킥을 찰 수 있다**: 발등 킥은 걷거나 뛰는 자연스러운 자세에서 쉽게 강한 힘을 전달할 수 있습니다. 이 때문에 힘을 적게 들이고도 공을 멀리 보내거나 빠르게 차는 데 적합합니다.
- **빠른 공 처리**: 발등 킥은 걷거나 뛰기처럼 발을 앞으로 빠르

게 올려서 공을 차는 동작을 사용하기 때문에 상대적으로 빠르게 공을 처리할 수 있습니다. 상대방이 수비하기 어려운 강력한 킥이나 공격적인 플레이에 유리합니다.

- **예측하기 어려운 공의 방향**: 발등은 발 안쪽보다 공과 닿는 면이 둥글고 상대적으로 좁아 공의 반발 방향을 상대가 예측하기 어렵게 만듭니다. 이를 통해 상대의 리시브를 흔들거나 수비를 어렵게 할 수 있습니다.

② 단점

- **방향성의 부정확성**: 발등 킥은 발의 둥근 면을 사용하기 때문에 발 안쪽 킥보다 공의 방향을 정확하게 제어하기 어렵습니다. 그로 인해 의도한 곳에서 벗어날 가능성이 있으며, 많은 연습이 필요합니다.
- **공의 안정성 부족**: 발등 킥은 강한 힘을 전달할 수 있는 반면 공이 뜨거나 예상 밖으로 튈 가능성이 있어, 정밀한 공격보다는 강한 킥이나 상대를 기습하는 플레이에 적합합니다.

연습 방법

① 기본 자세 연습

발등을 사용하여 공을 정확히 차는 감각을 익힙니다. 이때 공이 원하는 방향으로 잘 나가는지 확인하면서 차는 힘과 위치를 조절합니다.

② 힘 조절 연습

다양한 목표 지점을 설정하고, 발등 킥을 이용해 공을 원하는 거리까지 강하게 보내는 연습을 합니다. 목표에 맞게 힘을 조절해보면서 발등 킥의 파워를 체험해봅니다.

③ 반발 방향과 각도 조절 연습

발등 킥을 통해 공이 어떤 방향과 각도로 반응하는지 연습합니다. 공을 빠르게 처리하는 상황에서도 방향성을 잃지 않고 킥하는 기술을 익히도록 합니다.

3
발바닥 밀어 넣기

발바닥 밀어 넣기란?

발바닥 밀어 넣기는 발 아래쪽의 평평한 면, 즉 발바닥을 사용하여 공을 밀어 넣는 기술입니다. 공을 차는 것이 아니라 발을 몸 쪽으로 당겼다가 발바닥으로 공을 밀어 넣어 상대의 위치를 흔들거나 속도를 조절하는 데 적합한 기술입니다. 주로 짧은 거리에서 공을 세밀하게 컨트롤할 때 유용합니다.

발바닥 밀어 넣기의 특징

① 장점

- **공의 세밀한 조절 가능**: 발바닥의 넓은 면을 이용해 공을 밀어 넣기 때문에 세밀한 조절이 가능합니다. 이 기술을 사용하면 상대를 혼란스럽게 하거나, 원하는 방향과 위치로 공을 부드럽게 보낼 수 있습니다.
- **다양한 상황에서 활용 가능**: 발바닥 밀어 넣기는 가까운 거리에서 공을 상대에게 밀어 넣거나, 짧은 거리로 공을 보내 상대의 위치를 흔들 때 효과적입니다. 짧은 공격, 상대를 속이는 페이크 동작 등에 유리합니다.

② **단점**

- **긴 거리에는 강한 힘을 전달하기 어렵다**: 발바닥 밀어 넣기는 공을 미는 방식이므로 공에 큰 힘을 전달하기 어렵습니다. 먼 거리로 공을 보내거나 강한 킥을 하기에는 부적합합니다.
- **빠른 공 처리에 한계**: 발바닥 밀어 넣기는 공을 천천히 밀어 보내는 동작이므로, 공을 빠르게 처리하거나 긴급한 상황에서는 다른 킥 기술이 필요합니다.
- **예측 가능성**: 발바닥을 이용해 공을 밀어 넣는 동작이 상대에게 쉽게 보일 수 있어, 상대가 예측하고 방어할 가능성이 높습니다. 따라서 기습적인 동작보다는 신중하고 세밀한 터치가 필요합니다.

연습 방법

① 기본 자세 연습

공을 가볍게 밀어 넣는 연습을 하며 발바닥의 넓은 면으로 공을 다루는 감각을 익힙니다. 천천히 공을 밀면서 원하는 방향으로 공이 잘 나가는지 확인합니다.

② 거리와 속도 조절 연습

발바닥을 이용해 짧은 거리로 천천히 밀어 넣는 연습을 합니다. 목표 지점을 설정하고, 발바닥으로 공을 천천히 밀어 목표에 정확히 보내는 연습을 반복합니다.

③ 페이크 동작 연습

상대를 속이기 위한 페이크 동작을 추가해 연습합니다. 발을 살짝 들어 올리며 밀어 넣는 듯한 동작을 연습해 상대의 위치를 흔들어보며, 실제 상황에서 활용할 수 있도록 감각을 키워나갑니다.

킥테니스

4
발날 킥

발날 킥이란?

발날 킥은 발의 바깥쪽 모서리, 즉 발바닥과 발등의 사이를 이루는 옆 부분을 이용하여 공을 차는 기술입니다. 발의 옆면, 특히 뒤꿈치에서부터 새끼발가락 쪽까지 이어지는 발날을 이용해 공을 차기 때문에 방향성과 스핀을 줄 수 있습니다. 주로 상대방을 속이거나 예상치 못한 각도로 공을 보낼 때 유용합니다.

발날 킥 기술 설명

스핀 방향

발날 부분

1. 발의 바깥쪽 모서리(발날)를 사용
2. 뒤꿈치에서 새끼발가락까지 이어지는 부분으로 킥
3. 스핀을 활용한 예측불가한 방향성

발날 킥의 특징

① 장점

- **예상치 못한 각도와 방향**: 발날을 사용하여 공을 차면 상대가 예측하기 어려운 독특한 각도와 방향으로 공을 보낼 수 있습니다. 이로 인해 상대의 수비를 흔드는 데 매우 효과적입니다.
- **스핀 효과**: 발날 킥은 공에 스핀을 걸어줄 수 있어, 공이 튕

킥테니스

기고 난 후에도 방향이 변하거나 구르면서 휘어지는 효과
를 줍니다. 이 스핀 효과로 인해 상대가 공의 방향을 예측
하기 어려워집니다.

- **유연한 상황 처리 가능**: 발날 킥은 발의 옆면을 사용하기 때문
  에, 빠르게 움직이면서 공을 처리해 상대가 예상치 못한 상
  황에서도 즉각적으로 처리할 수 있습니다.

② 단점

- **정확도와 안정성이 낮다**: 발날 킥은 발의 좁은 모서리 부분을
  이용하기 때문에 공을 원하는 방향으로 정확히 보내기가
  어렵습니다. 안정성이 부족해 정확한 공격보다는 변칙적
  인 플레이에 더 적합합니다.
- **힘이 약하다**: 발날 킥은 발의 옆면을 사용해 공을 차는 방식
  이기 때문에 발등 킥이나 발 안쪽 킥에 비해 힘을 전달하기
  어렵습니다. 강한 킥보다는 짧은 공격이나 속임수에 유리
  한 기술입니다.
- **초보자에게 어려움이 있다**: 발의 모서리를 정확히 사용해야 하
  므로 초보자가 익히기 어려운 기술입니다. 발의 옆면을 제
  대로 맞추지 않으면 공이 정확히 나가지 않거나 실수로 연
  결될 가능성이 큽니다.

연습 방법

① 발날 위치 감각 익히기

발날 킥을 위한 정확한 위치를 찾는 연습을 합니다. 뒤꿈치에서 새끼발가락으로 이어지는 발의 옆면을 사용해 공을 가볍게 차 보며 발날 킥의 감각을 익힙니다.

② 스핀 조절 연습

발날 킥으로 공을 차면서 스핀을 걸어 공이 어떻게 움직이는지 확인합니다. 공이 튕기고 난 뒤에 회전과 각도가 변하도록 연습하며 킥의 숙련도를 높입니다.

③ 정확도 연습

목표 지점을 설정하고 발날 킥을 이용해 공을 정확히 보내는 연습을 합니다. 발의 위치와 각도를 조절해가며 원하는 방향으로 공이 나갈 수 있도록 정확성을 높이는 것이 중요합니다.

5
발뒤꿈치 킥

발뒤꿈치 킥이란?

발뒤꿈치 킥은 발의 뒤쪽 부분, 즉 발바닥과 발목 사이의 둥글게 불룩한 발뒤꿈치를 이용해 공을 차는 기술입니다. 공을 발의 앞쪽이 아닌 뒤쪽으로 차는 독특한 킥으로, 주로 상대의 허를 찌르거나 예상치 못한 방향으로 공을 보내기 위해 사용됩니다. 이 기술은 빠른 상황 대처와 기습적인 공격에 유리합니다.

발뒤꿈치 킥 기술 설명

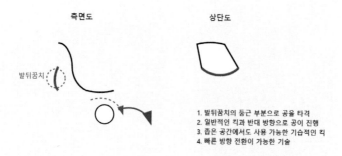

측면도

발뒤꿈치

상단도

1. 발뒤꿈치의 둥근 부분으로 공을 타격
2. 일반적인 킥과 반대 방향으로 공이 진행
3. 좁은 공간에서도 사용 가능한 기습적인 킥
4. 빠른 방향 전환이 가능한 기술

발뒤꿈치 킥의 특징

① 장점

- **상대를 속이는 기습적인 플레이 가능**: 발뒤꿈치로 공을 차면 일
  반적인 킥과는 달리 상대가 예상하지 못한 방향으로 공을
  보낼 수 있습니다. 이를 통해 상대의 수비를 혼란에 빠뜨리
  거나 갑작스럽게 공격을 시도할 수 있습니다.
- **작은 공간에서 효과적**: 발뒤꿈치 킥은 공간이 좁은 상황에서
  사용할 수 있는 킥으로, 공을 멀리 보내기보다는 짧게 상

대를 공략하는 데 적합합니다. 예를 들어, 상대가 멀리 있는 상황에서의 짧은 킥이나 방향 전환에 유용합니다.

② 단점

- **정확한 제어가 어려움**: 발뒤꿈치는 발의 둥근 모양 때문에 공을 정밀하게 조절하기 어려운 편입니다. 공이 예상하지 못한 방향으로 튈 가능성이 있어 정확한 공격보다는 기습적 공격에 주로 사용됩니다.
- **힘 전달이 약함**: 발뒤꿈치 킥은 다른 킥에 비해 힘을 강하게 전달하기 어렵습니다. 따라서 강한 킥이나 먼 거리로 공을 보내는 데는 적합하지 않습니다. 주로 짧은 거리의 공격이나 상대를 속이는 용도로 사용됩니다.
- **초보자에게 익히기 어려움**: 발뒤꿈치로 공을 차는 감각이 익숙하지 않은 초보자에게는 다소 어려운 기술입니다. 적절한 위치와 힘을 조절하기 어려울 수 있으며, 실수로 이어지기 쉽습니다.

연습 방법

① 발뒤꿈치 감각 익히기

공을 가볍게 차면서 발뒤꿈치로 감각을 익혀봅니다. 이때 공이 발뒤꿈치에 정확히 맞도록 연습하여 안정적인 자세를 유지하는 것이 중요합니다.

② 짧은 거리 연습

목표 지점을 설정하고 발뒤꿈치 킥으로 짧은 거리 공격 연습을 합니다. 거리를 늘려가며 힘 조절과 방향성을 점검하며 정확도를 높입니다.

③ 기습적인 동작 연습

상대를 속이는 기습적인 상황을 가정하여 발뒤꿈치 킥을 사용하는 연습을 합니다. 상대의 움직임을 예측하고 빠르게 처리하는 감각을 익히도록 합니다.

6
킥 자세와 주의할 점

킥 자세란?

킥테니스에서 정확한 킥을 위해서는 올바른 자세와 균형을 유지하는 것이 중요합니다. 특히 공을 차는 순간 디딤발이 흔들리지 않도록 주의해야 합니다. 디딤발이 흔들리면 공이 예상한 방향으로 나가지 않기 때문에, 안정된 자세로 축을 형성하는 것이 핵심입니다.

킥테니스 기본 킥 자세

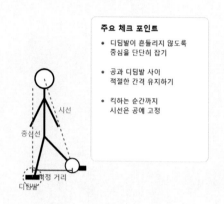

주요 체크 포인트

- 디딤발이 흔들리지 않도록
  중심을 단단히 잡기

- 공과 디딤발 사이
  적절한 간격 유지하기

- 킥하는 순간까지
  시선은 공에 고정

시선

중심선

측정 거리

디딤발

킥 자세의 주요 포인트

① 디딤발의 안정성 유지

공을 차기 위해서는 땅에 닿은 발이 디딤발이 되어 축을 잡아
줘야 합니다. 이때 디딤발이 흔들리지 않도록 중심을 단단히 잡
는 것이 중요합니다. 디딤발의 흔들림이 없을수록 차는 발이 더
자유로워지고, 킥의 정확성과 힘이 높아집니다.

킥테니스

② 디딤발의 위치

디딤발은 공의 낙하지점 옆에 위치해야 합니다. 디딤발이 공과 너무 가까워도, 너무 멀어도 공이 정확히 나가지 않으므로 공과 디딤발 사이의 적절한 간격을 유지하는 것이 중요합니다. 이를 통해 공을 원하는 방향으로 안정적으로 보낼 수 있습니다.

③ 공을 끝까지 주시하기

공을 찰 때 발과 공이 닿는 순간까지 시선을 공에 고정하는 것이 중요합니다. 킥하는 순간에 시선이 다른 곳으로 이동하면 공의 방향과 각도가 틀어질 수 있습니다. 공을 끝까지 주시하면 정확성과 안정성을 높일 수 있습니다.

주의할 점

① 디딤발에 중심을 확실히 두기

디딤발의 앞쪽에 체중을 두고 발바닥 전체가 안정적으로 지면에 닿아 있도록 합니다. 중심이 흔들리면 킥할 때 방향이 어긋

날 수 있으므로, 무릎을 살짝 굽혀 안정감을 더해주는 것도 도움
이 됩니다.

② 차는 발의 자연스러운 움직임 유지하기

차는 발은 디딤발이 안정될수록 자연스럽게 움직이기 쉽습니
다. 디딤발에 중심이 제대로 실리지 않으면 차는 발이 제대로
힘을 전달하지 못하고 킥의 안정성이 떨어집니다. 차는 발이 자
유롭게 움직일 수 있도록 디딤발의 균형을 잘 맞추는 연습을 해
야 합니다.

③ 몸이 너무 앞으로 쏠리지 않기

킥을 할 때 몸이 과도하게 앞으로 쏠리면 중심이 무너져 공이
예상 밖의 방향으로 날아갈 수 있습니다. 몸의 중심을 발바닥
전체에 균형 있게 배분해야 합니다.

④ 디딤발 위치 점검하기

킥을 하기 전에 디딤발의 위치를 정확히 점검하는 습관을 들
입니다. 디딤발이 공의 낙하지점 옆에 위치하고 있는지, 공과의
간격이 적당한지 확인합니다.

연습 방법

① 디딤발 고정 연습

공 없이 디딤발을 고정한 상태에서 차는 발을 자연스럽게 움직이는 연습을 해봅니다. 이때 디딤발이 흔들리지 않도록 중심을 고정하는 데 집중합니다.

② 공을 끝까지 주시하는 연습

공을 차기 전과 차는 순간까지 시선은 공 중앙을 보는 연습을 합니다. 이를 통해 킥의 정확성을 높이고, 순간적인 실수를 줄일 수 있습니다.

③ 디딤발 위치 연습

공을 찰 때마다 디딤발이 공의 낙하지점 옆에 위치하는지 점검하고, 자연스럽게 적절한 간격을 유지할 수 있도록 연습합니다.

7

경기의 구성

1
서브

서브란?

서브는 공격권을 가진 팀이 경기의 시작이나 득점 후, 상대에게 공을 보내는 첫 번째 기술입니다. 상대가 예상하지 못하게 방향과 속도를 조절해 공을 보내는 것이 중요합니다.

라켓 언더서브

① 공을 바운드 없이 서브하기

서브할 때 공을 땅에 바운드시키지 않고 라켓으로 칩니다. 공이 지면에 닿지 않도록 한 번에 정확하게 타격하는 것이 포인트입니다.

② 허리보다 낮은 위치에서 서브하기

라켓 언더서브는 허리보다 낮은 위치에서 시작하여 아래에서 위로 공을 올려 치는 기술입니다.

③ 서브 높이 제한

서브는 코트 바닥으로부터 1m 아래에서 타격해야 합니다. 공이 1m 이상이면 서브 실수로 실점이므로 서브 높이를 잘 조절해야 합니다.

④ 서브의 방향과 속도 다양화

서브를 할 때마다 공의 방향과 속도를 달리하여 상대가 예측하기 어렵도록 합니다. 특정한 위치에만 공을 보내는 것보다는 다양한 방향과 속도를 활용해 상대를 혼란스럽게 만드는 것이 효과적입니다.

⑤ 주의할 점

- **공을 정확한 높이에서 치기**: 서브할 때는 공이 1m 이하의 높이에서 라켓에 맞도록 해야 합니다. 서브 높이를 정확히 유지하는 연습이 필요합니다.
- **라켓 각도 조절**: 공을 아래에서 위로 치는 동작이므로, 라켓의 각도를 적절히 조절해야 합니다. 각도가 너무 위로 향하면 공이 높이 뜨게 되고, 너무 낮으면 네트를 넘기지 못할 수 있으므로, 각도 조절에 신경 씁니다.
- **서브 리듬 유지**: 서브는 일정한 리듬과 안정된 속도로 이루어져야 합니다. 급하게 서브를 시도하거나 힘만 주어 공을 치면 정확도가 떨어지기 쉽습니다. 적절한 리듬을 유지하면서 부드럽게 공을 쳐야 합니다.
- **상대방의 위치와 자세 파악하기**: 서브 전 상대방의 위치와 자세를 관찰하여 빈 공간이나 약점을 공략할 수 있도록 합니다. 상대가 예측하기 어려운 방향으로 공을 보내기 위해서는 상대의 움직임을 파악하는 것이 중요합니다.

⑥ 연습 방법

- **서브 높이 조절 연습**: 공을 1m 이하 높이에서 정확하게 치는 연습을 합니다. 서브 시 높이를 조절해 공이 너무 뜨지 않

도록 연습하면서 최적의 공 맞는 지점과 각도를 익힙니다.

- **방향과 속도 다양화 연습**: 서브를 여러 방향과 다양한 속도로 보내는 연습을 합니다. 목표 지점을 설정하고 각도와 힘을 달리해 공이 원하는 위치로 나가도록 연습하며 상대의 예측을 어렵게 만듭니다.
- **라켓 각도 조절 연습**: 라켓의 각도를 다르게 하여 공이 얼마나 높이 떠서 넘어가는지, 혹은 낮게 나가는지를 체험하면서 최적의 각도를 찾습니다.

라켓 서브(5m 미만 거리)

① 짧은 거리 라켓 서브란?

라켓 서브는 킥테니스에서 짧은 거리(5m 미만)에서 사용하는 서브 방법으로 입문자에게 권장되며, 지면에 공을 한 번 튀긴 후 라켓으로 공을 쳐서 상대편으로 보내는 기술입니다. 이 서브는 특히 정교한 조준과 힘 조절이 필요하며, 상대의 빈 공간을 노려 정확하게 공을 보내는 데 적합합니다.

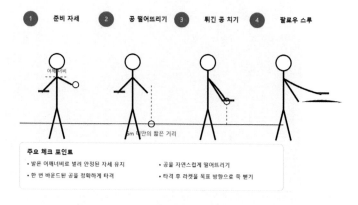

라켓 서브 4단계 동작

① 준비 자세   ② 공 떨어뜨리기 ③ 튀긴 공 치기   ④ 팔로우 스루

주요 체크 포인트
• 발은 어깨너비로 벌려 안정된 자세 유지   • 공을 자연스럽게 떨어뜨리기
• 한 번 바운드된 공을 정확하게 타격   • 타격 후 라켓을 목표 방향으로 쭉 뻗기

② 라켓 서브의 주요 동작

- **서브 준비 자세**: 공을 잡은 손과 팔을 지면과 평행하게 유지합니다. 발은 어깨너비로 벌리고 균형을 잡아 안정된 자세를 갖춥니다.
- **공을 자연스럽게 떨어뜨리기**: 서브를 시작할 때 공을 어깨높이에서 떨어뜨립니다. 공을 떨어뜨릴 때 힘을 주지 않고 자연스럽게 낙하하게 하여, 지면에 한 번 튀길 수 있도록 합니다.
- **공을 튀겨서 라켓으로 치기**: 공이 지면에 닿아 튀어 오를 때, 라켓을 네트와 가까운 쪽 다리 앞에서 준비한 상태로 공을 쳐

킥테니스

서 상대편으로 보냅니다. 이때 공의 높이와 각도를 고려해 타격하는 것이 중요합니다.

- **라켓을 공의 방향으로 뻗기**: 공을 치고 난 후 라켓을 공이 나가는 방향으로 쭉 뻗어줍니다. 이 동작은 공의 방향성을 유지하고 원하는 곳으로 정확히 보낼 수 있도록 돕습니다.

③ 주의할 점

- **균형 유지**: 발을 어깨너비로 벌려 안정된 자세를 취한 후, 서브를 하는 동안 균형이 흐트러지지 않도록 주의합니다. 발이 좁거나 넓으면 중심이 불안정해질 수 있으니 항상 어깨너비 정도로 유지합니다.
- **공 떨어뜨릴 때의 힘 조절**: 공을 떨어뜨릴 때는 손에서 자연스럽게 공을 놓아 지면에서 적절히 튀어 오른 후 라켓으로 칩니다. 강하게 떨어뜨리면 공이 불안정하게 될 수 있습니다.
- **라켓 위치와 타이밍**: 공이 지면에서 튀어 오를 때, 라켓이 공과 만나도록 타이밍을 정확히 맞추어야 합니다. 라켓을 너무 빨리 내리거나 늦게 치면 원하는 방향으로 공이 가지 않기 때문에, 공이 튀어 오르는 순간을 잘 관찰하여 적절한 타이밍에 맞춰 타격합니다.
- **공의 방향성과 속도 조절**: 라켓을 공의 목표 방향으로 자연스

럽게 뻗으면서 공을 밀어내듯이 쳐야 합니다. 급하게 휘두르거나 힘을 과하게 주면 공이 예상치 못한 방향으로 날아갈 수 있으므로, 힘을 적절히 분배하며 속도를 조절하는 연습이 필요합니다.

④ 연습 방법

- **서브 준비 자세 연습**: 발을 어깨너비로 벌리고 팔과 손을 지면과 평행하게 유지하며 안정적인 서브 자세를 취하는 연습을 반복합니다.
- **공을 정확히 떨어뜨리는 연습**: 공을 어깨높이에서 여러 번 떨어뜨리며 힘을 주지 않고 자연스럽게 낙하하도록 합니다. 공이 지면에 적당히 튀어 오르는 위치와 높이를 파악합니다.
- **타이밍 맞추기 연습**: 공이 튀어 오를 때 정확히 라켓으로 맞추는 타이밍을 잡기 위한 연습을 합니다. 공이 튀어 오르는 순간에 라켓으로 정확히 맞추어 공을 보내는 동작을 반복합니다.
- **방향과 속도 조절 연습**: 공을 보내고 싶은 방향으로 라켓을 자연스럽게 뻗어 정확히 원하는 위치로 공이 가도록 연습합니다.

발 서브

① 발 서브란?

발 서브는 킥테니스에서 경기를 시작하고 공격하는 기본 기술 중 하나로, 공의 높이, 속도, 방향, 거리를 발로 조절하여 상대가 예상하지 못한 위치로 공을 보내는 기술입니다. 중급 및 상급자용 기술로, 정교한 조준과 적절한 힘 조절이 필요합니다.

발 서브

| *1* 공을 아래로 떨어뜨린다 | *2* 공을 중심을 찬다 | *3* 공을 팔로우 한다 |

② 발 서브의 주요 동작

- **공을 자연스럽게 떨어뜨리기**: 발 서브를 시작할 때는 어깨높이에서 공을 가볍게 떨어뜨립니다. 손을 자연스럽게 해서 떨어뜨리는 것이 중요합니다.

- **눈을 떼지 않고 노 바운드로 차기**: 공이 지면에 닿기 전에 노 바운드 상태로 공을 발등 킥이나 발 안쪽 킥 등으로 찹니다. 공을 차기 전까지 시선을 공에 고정하여 정확한 타점을 잡는 것이 필수입니다.
- **몸통을 축으로 발을 빠르게 차기**: 공에 힘을 싣기 위해서는 몸통을 축으로 발을 빠르게 차야 합니다. 이 빠르게 차기 가속도 동작이 공에 속도와 힘을 부여하여 효과적인 발 서브가 됩니다.
- **공을 차고 난 후 목표 지점으로 발을 뻗기**: 공을 찬 후에는 차는 발을 목표 방향으로 자연스럽게 뻗어주며, 디딤발을 축으로 삼아 균형을 유지합니다. 발을 뻗는 동작은 공의 방향성을 안정시키고, 서브의 정확도를 높이는 데 도움이 됩니다.

③ 주의할 점

- **공을 떨어뜨릴 때의 힘 조절**: 공을 떨어뜨릴 때 힘을 주지 말고 자연스럽게 놓습니다. 너무 강하면 차기 어려워질 수 있으므로, 자연스럽게 떨어뜨리는 연습이 필요합니다.
- **공을 끝까지 주시하기**: 공을 차기 전까지 시선을 공에 고정하여 정확히 차야 할 위치를 파악합니다. 발로 차기 전에 시선이 다른 곳으로 이동하면 공을 제대로 맞히기 어려우므로, 공이 발에 닿는 순간까지 시선을 떼지 않습니다.

킥테니스

- **몸통 비틀기 적절한 활용**: 몸통 비틀기는 적절한 가속도로 서브에 힘을 실어주지만, 과도한 비틀기는 균형을 흐트러뜨릴 수 있습니다. 디딤발을 단단히 고정한 상태에서 적절한 비틀기만 활용하도록 합니다.
- **발을 목표 방향으로 뻗을 때 균형 유지**: 공을 찬 후 발을 목표 지점으로 뻗으면서 균형이 흐트러지지 않도록 주의합니다. 디딤발을 축으로 안정성을 유지하며 발을 뻗는 동작을 연습하면 공을 원하는 위치로 정확하게 보낼 수 있습니다.

④ 연습 방법

- **자연스럽게 공을 떨어뜨리기 연습**: 공을 어깨높이에서 가볍게 떨어뜨리는 연습을 통해 공이 일정하게 낙하하도록 합니다. 이는 차기 쉽게 공을 떨어뜨리기 위한 중요한 기본 연습입니다.
- **노 바운드로 차는 연습**: 공이 지면에 닿기 전에 정확히 발로 차는 연습을 합니다. 공이 내려오는 타이밍에 맞추어 발로 차서 공을 원하는 방향으로 보내는 데 집중합니다.
- **디딤발 고정 연습**: 몸통을 축으로 발을 빠르게 차기 동작을 반복 연습하여 공에 힘을 실어 보내는 방법을 익힙니다. 디딤발을 고정하고 빠르게 차기 연습을 통해 균형 잡힌 자세에서 공을 차는 감각을 키웁니다.

- **발 뻗기 연습**: 공을 차고 난 후 목표 지점으로 발을 뻗는 동작을 연습합니다. 발이 목표 방향을 정확히 가리키도록 연습하며, 디딤발로 균형을 잡아 안정된 자세를 유지합니다.

2
리시브

리시브란?

　리시브는 상대 팀에서 넘어오는 공을 받아내는 기술로, 공을 공격하기 좋은 위치로 띄워주는 것이 목표입니다. 리시브는 공격할 수 있도록 공의 방향과 높이를 조절하는 것이 중요하며, 단식과 복식에서 다르게 공을 띄워야 합니다.

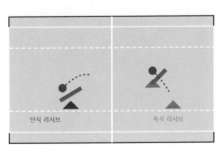

단식 리시브　　　　　　복식 리시브

리시브 기술:
- 공격 준비 위치로 공 조절
- 단식/복식 리시브 차이
- 공의 방향과 높이 중요

리시브의 주요 동작

① 기본 자세 준비

몸의 중심을 약간 앞쪽에 두고, 두 발을 어깨너비만큼 벌려 안정적으로 공 받을 준비를 합니다. 이 자세는 균형을 유지하고, 빠르게 움직일 수 있게 해줍니다.

② 자세를 낮추고 공의 위치 맞추기

넘어오는 공의 거리, 속도, 각도를 파악하여 공이 날아오는 방향으로 몸을 낮추고 빠르게 이동합니다.

③ 공에 맞춰 적절하게 힘주기

원 바운드 이내에서 라켓으로 공을 받아줍니다. 공이 닿는 순간에 라켓에 적절한 힘을 실어 공을 띄우는데, 새가 수면에서 먹이를 낚아채듯 부드럽고 자연스럽게 받아칩니다.

④ 단식 리시브

단식 경기에서는 공을 자신의 눈높이 정도로 띄워 공격하기 좋은 위치에 맞춥니다. 공이 자신의 앞쪽에 오도록 하여 적당한 높이로 조절해, 바로 공격으로 이어질 수 있도록 합니다.

⑤ 복식 리시브

복식 경기에서는 동료가 공격할 수 있도록 공을 약간 높게 띄워줍니다. 이를 통해 팀원이 편하게 공격할 수 있도록 배려하며, 협력 플레이를 극대화합니다.

⑥ 블로킹 금지

킥테니스 리시브에서는 네트 가까이에서 공을 바로 막아내는 블로킹은 허용되지 않습니다.

주의할 점

① 균형 잡힌 자세 유지

리시브 준비를 할 때 균형이 흐트러지지 않도록 유의합니다. 두 발을 어깨너비로 벌리고 자세를 낮춰야 공을 받을 때 더욱 안정적으로 반응할 수 있습니다.

② 공의 궤적과 속도 읽기

공의 속도, 각도, 거리를 정확히 파악하여 빠르게 반응하는 것이 중요합니다. 공이 빨리 올 경우, 몸의 중심을 낮추고 방향을 빠르게 전환해 공에 맞춰 이동해야 합니다.

③ 라켓과 타이밍 조절

공이 바운드된 후 라켓이 공에 맞는 타이밍을 맞추는 것이 중요합니다. 라켓 각도에 따라 다르지만 일반적으로 너무 빨리 치면 공이 낮게 가고, 너무 늦으면 공이 높이 뜰 수 있으므로 적절한 순간에 힘을 실어줍니다.

④ 동료와의 호흡 맞추기

복식 경기에서는 동료가 공격하기 편한 위치로 공을 띄워주는 것이 중요합니다. 동료의 위치와 준비 상황을 고려하여 리시브 방향과 높이를 조절하여 협력 플레이를 강화합니다.

연습 방법

① 기본 자세와 중심 유지 연습

몸의 중심을 앞에 두고 발을 어깨너비로 벌리는 준비 자세를 반복 연습하여 공이 오는 방향에 맞추어 균형 있게 리시브하는 감각을 익힙니다.

② 공의 궤적 파악 및 이동 훈련

공의 속도와 각도에 맞춰 빠르게 이동하는 연습을 합니다. 공을 상대가 보내는 다양한 방향에 맞춰 좌우로 빠르게 움직이며 공을 받는 동작을 반복합니다.

③ 단식과 복식 리시브 연습

단식과 복식 각각에서 공격하기 좋은 위치에 공을 띄워주는 연습을 합니다. 단식에서는 자신의 눈높이 기준으로 높고 낮게 상대가 눈치채지 못하도록 공을 띄우고, 복식에서는 동료가 공격하기 편한 높이로 조절하여 협력 플레이를 실전처럼 연습합니다.

3
공격

KICKtennis에서 공격은 발(라켓)을 사용해 공을 상대 팀 코트로 차(쳐) 넣어 득점을 노리는 동작입니다. 공격 시 몇 가지 중요한 기술과 주의할 점입니다.

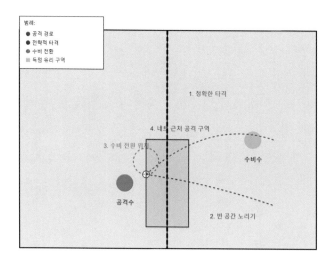

- 공의 중심을 보고 정확하게 찹니다.
- **상대 선수의 경기 스타일과 위치를 파악해 전략적으로 공을 보낸다**: 상대방이 예측하기 어려운 방향이나, 수비가 약해 보이는 빈 공간을 노리면 공격 성공 확률이 높아집니다. 상대의 움직임을 잘 관찰하고, 공격하는 것이 중요합니다.
- **공격 후 빠르게 수비로 전환을 한다**: 목표한 공격이 성공하더라도, 상대가 공을 되받아칠 수 있는 상황이 생길 수 있습니다. 공격이 끝나면 즉시 방어 자세로 전환하여 다음 상황에 대비하는 것이 필요합니다. 항상 공격 후 위치를 확인하고, 재빨리 수비할 준비를 합니다.
- **네트 가까이에서 공격하면 득점 확률이 높아진다**: 네트에 가까운 위치에서 공을 차 넣으면 각도 조절이 쉽고, 상대가 반응할 시간이 짧아 득점할 가능성이 높습니다. 하지만 네트 가까이에서 공격할 때는 수비로 전환이 어려워질 수 있으니, 공격에 실패할 경우를 대비해 위치를 미리 고려해야 합니다.

주의할 점

- 공격 시 공의 궤적과 방향을 신중히 조절합니다.
- 상대방을 관찰하며 움직임을 빠르게 인지하고, 공격 후 수

비 전환 속도를 높이는 훈련이 필요합니다.

공격 준비 자세

KICKtennis에서 성공적인 공격을 위해서는 빠르게 반응하고 정확하게 공을 처리할 수 있는 준비 자세가 필수적입니다. 아래는 공격 준비 자세의 올바른 방법과 주의할 점에 대한 설명입니다. 각 포인트를 이해하고 연습하면서 몸에 익히도록 합시다.

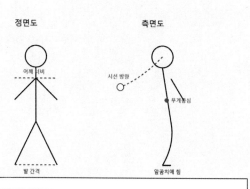

킥테니스 공격 준비 자세

　　　　　　　　　　　　　　　　　　　　　　킥테니스

① 발의 위치와 무게 중심 조절

- **발을 어깨너비로 벌리기**: 안정적인 자세를 유지하려면 발을 어깨너비로 벌립니다. 이 간격은 이동이 용이하면서도 중심을 쉽게 잡을 수 있게 도와줍니다.
- **앞꿈치에 힘주기**: 무게 중심을 앞꿈치 쪽에 두면, 앞으로 빠르게 반응하는 데 유리합니다. 발뒤꿈치를 살짝 들어 올리듯 하여, 언제든지 전진이나 방향 전환이 가능한 자세를 만듭니다.
- **주의할 점**: 무게 중심이 지나치게 앞쪽으로 치우치지 않도록 합니다. 중심이 너무 앞쪽에 있으면 뒤로 이동하기 어려워질 수 있습니다. 중심을 적절히 앞쪽에 두되, 상황에 따라 유연하게 조절하는 것이 좋습니다.

② 상체와 무릎의 자세

- **상체 숙이기**: 상체를 약간 앞으로 숙임으로써 민첩하게 반응할 준비를 합니다. 너무 과하게 숙이지 않고 편안한 정도로만 숙여야 허리에 무리가 가지 않습니다.
- **무릎을 약간 굽히기**: 무릎을 살짝 굽히면 다리 근육에 긴장이 생기며, 방향 전환과 이동이 훨씬 수월해집니다. 이 자세는 공격뿐 아니라 수비에도 효과적이므로 꾸준히 연습하여

익숙해지도록 합니다.

- **주의할 점**: 무릎 각도를 지나치게 낮추거나 펴면 이동 속도가 떨어질 수 있습니다. 균형을 잃지 않도록 적당한 각도를 유지합니다.

③ 시선과 공 위치 파악

- **공을 주시하기**: 공격 자세를 잡고 있을 때는 항상 공에 시선을 고정합니다. 공의 움직임을 빠르게 파악하여, 다음 동작에 필요한 위치로 몸을 이동할 준비를 해야 합니다.
- **공이 떨어지는 지점 예측하기**: 공이 어디로 떨어질지를 미리 예측하여, 그 위치로 몸의 중심을 빠르게 이동시킵니다. 예측력은 경험과 연습으로 향상될 수 있으며, 시선과 발의 위치가 함께 조화를 이루는 것이 중요합니다.

④ 주의할 점

- 공의 위치를 정확히 파악하지 못하면 공격 타이밍을 놓칠 수 있습니다. 공과 시선을 유지하며 정확한 판단을 할 수 있도록 시선 훈련과 반응 속도 훈련을 병행합니다.
- 공격 준비 자세에서 편안하게 숨을 고르고 긴장을 풀 수 있도록 몸을 이완시키는 것도 중요합니다.

- 공의 속도와 방향을 주시하는 동시에 상대방의 위치와 움직임을 함께 확인하여 공격 방향을 결정할 수 있도록 신경 써야 합니다.
- 이동할 때는 불필요한 힘을 줄이고, 부드럽게 발을 옮겨 자세를 유지하는 것이 좋습니다.

꾸준한 연습을 통해 이러한 자세가 자연스럽게 몸에 배도록 하는 것이 중요합니다.

8

기초 연습법

1
혼자 하는 연습

  KICKtennis의 기초 연습법을 통해 공과 라켓에 익숙해지고 기본적인 감각을 기릅니다. 각 연습 동작을 통해 라켓과 발의 감각 능력을 향상시키고, 정확한 움직임을 연습합니다.

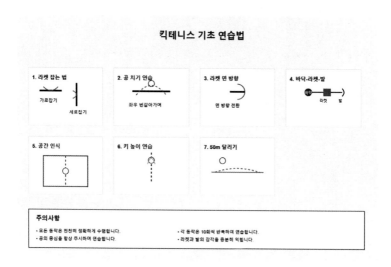

킥테니스 기초 연습법

킥테니스

라켓 잡는 법 연습

- **그립 선택**: 라켓을 잡을 때 가로로 잡거나 세로로 잡는 방법 등이 있습니다. 자신이 편하다고 느끼는 그립을 선택하여 라켓을 잡습니다.
- **주의할 점**: 손목에 부담이 가지 않도록 편안하게 잡고, 그립을 강하게 쥐기보다는 약간의 여유를 주어 유연하게 컨트롤할 수 있도록 합니다.

공 치기 연습(오른쪽, 왼쪽 번갈아가며)

- **오른쪽, 왼쪽 면 연습**: 라켓의 오른쪽 면으로 공을 공중에 친 후, 다시 왼쪽 면으로 번갈아가며 공을 치는 연습을 합니다.
- **주의할 점**: 라켓의 각도를 일정하게 유지하여 공이 같은 높이로 떠오르도록 조절합니다. 공이 의도하지 않게 튀는 경우, 라켓의 각도를 조금씩 조정해보세요.

바닥, 라켓, 발을 사용한 공 튀기기 연습

- **순서대로 치기 연습**: 아래와 같은 순서로 공을 바닥, 라켓, 발을 사용해 튕기는 연습을 합니다.
- 바닥 → 라켓, 바닥 → 발
- 바닥 → 라켓 → 바닥 → 발
- 바닥 → 라켓 → 발, 바닥 → 발 → 라켓
- **주의할 점**: 공의 중심에 집중하며 각 동작의 순서를 기억하여 정확히 연습합니다.

공간 인식 연습: 서브 라인에서 정확하게 넣기

- **실점 구역에 넣기 연습**: 서브 라인에서 실점 구역(2m × 5.1m) 안에 공을 정확히 넣는 연습을 합니다. 손, 라켓, 발을 각각 사용하여 10번씩 반복합니다.
- **리시브 연습**: 네트 너머에서 오는 공을 라켓 중앙으로 리시브하는 연습을 합니다.
- **주의할 점**: 공의 중앙을 맞히고, 손, 라켓, 발의 감각에 익숙해지도록 반복합니다.

킥테니스

키 높이로 공 띄우기 및 받기 연습

- **공 띄우기**: 손에서 공을 떨어뜨린 후, 라켓으로 공을 키 높이로 쳐 올리고 손으로 받는 연습을 합니다.
- **원 바운드된 공 받기**: 키 높이에서 떨어진 공이 바닥에 한 번 튄 후, 라켓으로 받아서 손으로 잡는 연습을 합니다.
- **주의할 점**: 공의 속도를 조절하여 정확하게 라켓으로 받도록 신경 씁니다.

공을 튕기며 50m 달리기 연습

- **공중으로 튕기기**: 안전한 공간에서 라켓으로 공을 공중으로 튕기며 50m를 달리는 연습을 합니다.
- **주의할 점**: 공이 라켓에서 멀어지지 않도록 라켓 각도를 일정하게 유지하고, 속도를 적절히 조절하며 진행합니다.

주의할 점

- 연습 중에는 공과 주변 환경을 주의 깊게 관찰하여 안전사고가 발생하지 않도록 유의합니다.
- 각 연습은 천천히 시작하여 속도와 정확도를 높여가며 진행합니다.
- 꾸준히 반복하여 공과 라켓, 발의 움직임에 익숙해지는 것이 중요합니다.

2
둘이서 하는 연습

KICKtennis의 기초 실력을 다지기 위해 둘이서 연습을 통해 공을 다루는 능력과 상대와의 호흡을 익힐 수 있습니다. 이 연습은 단계별 거리와 네트 높이를 조절해 진행하므로 자신의 수준에 맞게 연습하세요.

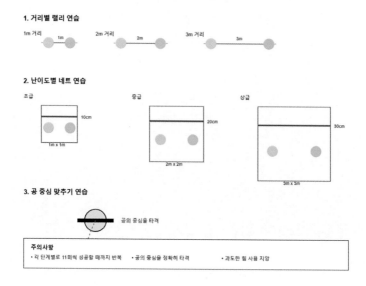

킥테니스 2인 기초 연습법

1. 거리별 랠리 연습

1m 거리   1m   2m 거리   2m   3m 거리   3m

2. 난이도별 네트 연습

초급   중급   상급

10cm   20cm   30cm

1m x 1m   2m x 2m   3m x 3m

3. 공 중심 맞추기 연습

공의 중심을 타격

주의사항
• 각 단계별로 11회씩 성공할 때까지 반복   • 공의 중심을 정확히 타격   • 과도한 힘 사용 지양

네트 없이 거리 조절하며 랠리하기

- 1m 거리에서 랠리 11번: 가까운 거리에서 랠리를 진행하며 공을 정확하게 맞히는 연습을 합니다. 이때 서로의 움직임을 잘 파악하며 공이 연결되도록 합니다.
- 2m 거리에서 랠리 11번: 거리를 늘려가며 공의 속도와 각도 조절을 익힙니다. 공이 튀는 방향을 예측하고 반응 속도를 높입니다.
- 3m 거리에서 랠리 11번: 3m 거리에서 랠리를 진행하며 공을

정확하게 상대에게 보낼 수 있도록 연습합니다. 거리가 멀어질수록 힘 조절과 정확도가 요구되므로 집중해서 연습하세요.

- **주의할 점**: 공의 각도와 힘을 조절하고, 동작이 부드럽고 일정하게 이어지도록 합니다.

난이도에 따른 네트 높이 연습

- **1m**: 가로 1m, 세로 1m, 네트 높이 10㎝로 연습을 시작합니다. 네트 너머로 공을 넘기며 정확하게 상대에게 전달하는 연습을 합니다.
- **2m**: 가로 2m, 세로 2m, 네트 높이 20㎝로 높여 공을 넘기며, 정확한 타격과 각도 조절을 연습합니다. 상대의 위치에 맞춰 공을 보낼 수 있도록 집중합니다.
- **3m**: 가로 3m, 세로 3m, 네트 높이 30㎝의 조건에서 네트 넘기는 연습을 합니다. 라켓 각도와 힘을 조절하고, 상대의 위치에 맞춰 공을 보내는 감각을 기릅니다.
- **주의할 점**: 공을 넘길 때는 공의 중심을 정확히 맞히고, 과한 힘을 주지 않도록 조절합니다. 네트와 거리에 따라 힘과 각도에 변화를 주는 연습을 반복합니다.

공 중심 맞히기 연습

- **공을 끝까지 주시하기**: 공이 라켓에 닿는 순간까지 집중해서 바라봅니다. 공의 움직임과 떨어지는 위치를 정확하게 파악하고, 그 중심을 라켓으로 정확하게 맞히는 것이 중요합니다.
- **연습 효과**: 공의 중심을 맞히면 보다 안정적인 타격이 가능합니다.

주의할 점

- 공을 주시하며 끝까지 집중해 타격하는 습관을 들여야 합니다. 이 연습을 통해 공의 궤적을 예상하고, 정확한 위치에서 타격할 수 있는 능력을 기릅니다.
- 각 거리와 네트 높이에 맞는 정확한 타격이 요구되므로, 거리감과 타격 감각을 반복 연습해 몸에 익히도록 합니다.
- 랠리 시 공이 상대에게 적절히 전달될 수 있도록 의사소통하며 호흡을 맞추는 것도 중요한 연습 요소입니다.

9

경기 순서

1
경기 과정 개요

KICKtennis 경기 시작부터 세트가 끝날 때까지의 단계별 과정입니다.

1. 서브권과 코트 선택

동전 던지기

2. 서브 방식

초급: 라켓 서브   중급: 발 서브

3. 리시브와 공격 방식

4. 세트 종료와 코트 교체

Team A: 6
Team B: 4

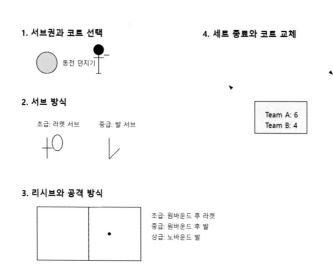

초급: 원바운드 후 라켓
중급: 원바운드 후 발
상급: 노바운드 발

킥테니스

2
경기 시작부터 단계별 과정

서브권과 코트 선택

- **동전 던지기**: 경기 시작 전 심판은 양 선수(또는 팀)와 함께 동전 던지기를 실시합니다. 이긴 선수는 '첫 서브권'과 '코트 선택권' 중 하나를 선택할 수 있습니다. 예를 들어, 햇빛이나 바람의 영향을 고려해 특정 코트에서 시작하는 것이 유리하다고 판단되면 코트를 선택할 수 있고, 반대로 첫 서브로 기선 제압을 하고 싶다면 서브권을 선택할 수 있습니다. 진 선수는 남은 선택권을 가져갑니다.
- **주심의 휘슬**: 동전 던지기가 끝나면, 주심이 경기 시작을 알리는 휘슬을 불어 경기가 공식적으로 시작됩니다.
- **주의할 점**: 경기 시작 전 상대 팀과 교환할 서브권과 코트 선택에 대해 신중히 판단합니다.

서브 방식 - 등급에 따른 서브 규칙

- **초급 서브**: 초급 경기는 라켓으로 서브를 시작하며, 쉽게 공을 넘길 수 있도록 라켓으로 공을 칩니다.
- **중상급 서브**: 중상급 경기에서는 발을 사용하여 서브를 진행합니다. 이때 공의 속도와 높이를 조절하여 안정적으로 네트를 넘겨 상대 코트에 넣습니다.
- **주의할 점**: 서브 시 공이 정확히 상대 코트에 닿도록 하고, 과도한 힘을 피하도록 연습합니다. 초급과 중상급 수준에 따라 서브 방법이 다르므로 규칙에 따라 정확하게 서브를 진행해야 합니다.

리시브와 공격 방식

- **첫 리시브**: 상대 팀에서 넘어오는 공을 원 바운드 후 라켓으로 받습니다. 첫 리시브는 공을 안정적으로 맞히는 데 중점을 두어야 합니다.
- **공격 방식**: 리시브된 공은 각 등급에 따라 다른 방식으로 공격합니다.
- 초급: 원 바운드 이내에 라켓을 사용해 상대 코트로 공을

넘깁니다.

- 중급: 원 바운드 이내에 발을 사용해 공을 차서 상대 코트로 보냅니다.

- 상급: 노 바운드 상태에서 발을 사용해 공을 차 상대 코트로 공격합니다.

• **주의할 점**: 공이 바운드되는 횟수와 라켓 또는 발에 대한 규칙을 반드시 숙지하고, 공의 중심을 맞춰 정확히 상대 코트에 넘기도록 합니다.

세트 종료와 코트 교체

• **세트 종료 후 코트 교체**: 각 세트가 종료되면, 양 팀은 코트를 바꿔가며 경기를 진행합니다. 코트 교체는 경기의 균형을 위해 필요하며, 모든 세트가 끝날 때까지 반복됩니다.

• **마지막 세트의 조건**: 마지막 세트에서는 한 팀이 단식 6점(복식 8점)에 도달하면 코트를 바꿉니다. 세트가 끝나기 전까지 집중력을 유지하며 득점을 위해 최선을 다합니다.

10

경기 종류

1
단식 경기

단식 경기는 1명이 한 팀이 되어 상대방과 대결하는 경기입니다. 상대와 직접적으로 전략을 겨루며 체력과 정신력을 바탕으로 승리하기 위해 집중력과 정확한 판단이 중요합니다. 아래는 단식 경기에서 유용한 전략과 기술 요소들입니다.

경기 전략

- **상대 분석 및 다채로운 공격**: 경기 중 상대 선수의 경기 스타일과 강점, 약점을 파악하는 것이 중요합니다. 상대의 수비 약점을 찾아내고, 예상하지 못한 다양한 방향으로 공격을 가해 상대를 흔드는 전략을 구사합니다. 예를 들어, 상대가

특정 방향의 공에 취약하다면 그 방향을 집중 공략할 수 있습니다.

- **선제 공격의 중요성**: 단식 경기에서 승률을 높이기 위해서는 먼저 공격하는 것이 중요합니다. 상대가 공격 태세를 갖추기 전에 빠르게 공을 넘기거나 각도를 꺾어 공격을 시도하면 득점 확률이 높아집니다. 선제 공격을 위해서는 공이 넘어오는 순간 곧바로 반응하는 민첩함과 상황 판단력이 필요합니다.

자신감과 정신력

- **자신감 유지**: 단식 경기는 혼자 모든 것을 책임지는 경기이므로 이길 수 있다는 자신감과 강한 정신력이 요구됩니다. 경기가 치열해지거나 실수했을 때에도 자신을 믿고 계속해서 경기에 집중해야 합니다. 집중력을 유지하며 흔들리지 않는 자신감이 승리에 큰 영향을 미칩니다.
- **포기하지 않는 자세**: 단식 경기에서는 체력과 집중력의 소모가 크지만, 포기하지 않고 최선을 다하는 자세가 필요합니다. 자신감과 끈기를 유지하면서 경기를 치르는 자세가 매우 중요합니다.

코스 공략 및 수비 전략

- **공을 다양한 방향으로 보내기**: 공격할 때는 상대의 움직임을 최
  대한 유도해 빈 공간을 만들어내는 것이 중요합니다. 공을
  다양한 방향으로 보내 상대가 끊임없이 이동하도록 만들
  어 피로감을 유발하고 빈 공간이 생기면 즉시 공격하여 득
  점을 노립니다. 예를 들어, 왼쪽 앞쪽 코너로 보낸 뒤 오른
  쪽 뒤쪽 코너로, 왼쪽 뒤쪽 코너로 보낸 뒤 오른쪽 앞쪽 코
  너로 연결하는 4코너 불규칙 방향 전환이 효과적입니다.
- **중앙 위치를 이용한 수비**: 상대의 공격이 이어질 것을 대비해
  수비 시에는 코트 중앙으로 빠르게 이동하여 상대의 다음
  공격에 대비합니다. 중앙에 위치하면 상대방이 어느 방향
  으로 공격하든 짧은 시간 내에 반응할 수 있어 수비 범위를
  넓힐 수 있습니다. 이때 공이 날아오는 각도와 속도에 따라
  위치를 미리 예측하는 연습이 필요합니다.

주의 사항

- **상황 판단과 적절한 힘 조절**: 단식 경기에서는 상대와의 거리,
  공의 속도 등을 고려하여 힘을 적절히 조절하는 것이 중요

합니다. 너무 강하게 차면 공이 코트 밖으로 나갈 수 있으
므로 정확한 타격을 위해 힘을 잘 분배해야 합니다.

- **체력 관리와 호흡 조절**: 단식 경기는 체력 소모가 많으므로 꾸
준히 체력을 관리하고 경기가 진행되는 동안 호흡을 고르
게 유지해야 합니다. 특히 공을 찰 때마다 숨을 내쉬어 긴
장을 풀고, 에너지를 효율적으로 분배합니다.

단식 경기는 개인의 역량이 모두 드러나는 경기로, 정확한
전략과 자신감 있는 플레이가 승패를 좌우합니다. 상대를 잘
분석하고, 다양한 코스를 활용하여 공격하면서도 수비할 때는
중앙을 지키는 등 철저한 경기 준비로 좋은 결과를 얻을 수 있
습니다.

2
복식 경기

　복식 경기는 2명이 한 팀을 이루어 함께 경기하는 형태로, 팀워크와 전략이 승리에 큰 영향을 미칩니다. 복식 경기에서는 각자 맡은 역할을 잘 수행하고, 팀의 강점을 살려 동료와 함께 효과적으로 공을 컨트롤하는 것이 중요합니다.

경기 방식

① 리시브와 공격 방식 (등급별 규칙)

- 리시브: 상대 팀에서 넘어오는 공을 원 바운드 이내에 라켓으로 받습니다.

- **공격**: 리시브한 공은 등급에 따라 다르게 공격합니다.
  - 초급: 원 바운드 이내 라켓으로 공을 쳐서 상대 코트로 보냅니다.
  - 중급: 원 바운드 이내 발로 공을 차서 상대 코트로 보냅니다.
  - 상급: 노 바운드 상태에서 발로 공을 차서 공격합니다.

② 주의할 점

등급에 따른 규칙을 정확히 이해하고, 팀원 간의 역할을 사전에 조율하여 실수를 줄입니다.

전략

① 팀워크와 호흡 맞추기

- 복식 경기는 팀원 간의 호흡이 매우 중요합니다. 서로의 위치와 역할을 사전에 정하고, 공격과 수비 시에는 커뮤니케이션을 통해 공 받을 준비를 합니다.
- **팁**: 경기 중 팀원에게 신호를 주거나 소리로 커뮤니케이션하여 혼동을 줄이고, 서로의 위치를 파악하며 플레이합

니다.

② 리시브의 높이 조절

- 리시브할 때 공을 약간 높게 띄워주면 동료 선수가 공격 준비를 할 수 있는 시간이 생깁니다. 이때 공이 너무 낮게 가거나 빠르게 나가지 않도록 조절하는 것이 중요합니다.
- 팁: 리시브 시 공의 높이를 조절하는 연습을 통해 동료에게 유리한 공격 기회를 제공합니다.

③ 첫 터치와 전략적인 공 배분

- 첫 터치를 담당하는 선수는 리시브에만 집중합니다.
- 공을 상대 팀의 강점보다는 약점이 있는 쪽이나 잘하는 선수 쪽으로 보내 리시브하게 하여 득점 확률을 높입니다.
- 팁: 상대 팀의 약점을 파악하고, 공을 해당 위치로 보내어 효과적으로 득점을 노립니다.

킥테니스

수비 전략

① 좌우 대형 - 수비에 유리한 대형

- 좌우 대형은 수비 시 각 팀원이 코트의 왼쪽과 오른쪽을 나누어 방어하는 포지션입니다. 이 방식은 상대 팀의 공격을 양쪽에서 커버할 수 있어 수비 안정성이 높아집니다.
- **주의할 점**: 서로 맡은 구역을 확실히 나누고, 빠르게 이동할 수 있도록 준비합니다.

좌우 대형 수비 포메이션

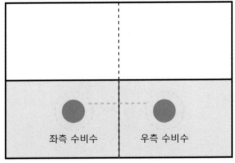

좌측 수비수   우측 수비수

주의사항:
1. 중앙선(빨간 점선)을 기준으로 담당 구역을 명확히 구분
2. 항상 수비 준비 자세 유지 (노란색 원 범위 내 이동 준비)
3. 팀원 간 지속적인 커뮤니케이션 (초록색 선)

② 전후 대형 - 공격에 유리한 대형

- 전후 대형은 한 명이 코트 앞쪽을, 다른 한 명이 뒤쪽을 담당하여 수비하는 포지션으로, 공격 기회가 올 때 신속하게 전방으로 이동하여 공격할 수 있습니다. 이는 공격적인 플레이에 유리한 방식입니다.
- **주의할 점**: 코트 앞쪽에 위치한 선수는 네트 근처에서 공격을 준비하고, 뒤쪽에 있는 선수는 상대의 긴 공격을 대비하여 안정적으로 공을 받아냅니다.

전후 대형 공격 포메이션

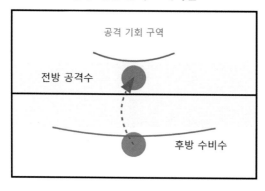

주의사항:
1. 전방 선수: 네트 근처에서 공격 기회 포착 (황금색 구역)
2. 후방 선수: 긴 공격 대비, 안정적인 리시브 담당
3. 공격 전환 시 신속한 포지션 이동 (점선 화살표)

주의 사항

- **역할 분담의 명확성**: 복식 경기에서는 혼선이 생기지 않도록 각자의 역할을 명확히 정하는 것이 중요합니다. 예를 들어 리시브는 누구의 책임인지, 공격은 누구의 역할인지 경기 전 서로의 역할을 나누어 이야기하고, 실전에서 이를 지키며 플레이하세요.
- **위치 조정과 커뮤니케이션**: 복식에서는 순간순간 팀원의 위치를 확인하고, 서로 커뮤니케이션을 하며 공을 받을 준비를 해야 합니다. 팀원과의 협력이 잘 이뤄지도록 수비와 공격을 배분하면 경기 운영이 원활해집니다.

복식 경기는 팀원 간의 협동이 가장 중요한 경기 형식입니다. 경기 전 충분한 훈련을 통해 상대방과의 호흡을 맞추고, 각자 역할에 맞게 플레이하며 팀의 강점을 살려 경기를 운영하는 것이 필요합니다.

3
복단식(2:1) 경기

복단식 경기는 총 3명이 참여하여 한 팀은 2명, 다른 팀은 1명으로 구성하여 진행되는 경기입니다. 이 경기는 운동 능력에 따라 초급, 중급, 상급을 선택해 적절한 난이도로 즐길 수 있습니다. 복단식은 경기 승패보다 서로의 실력을 존중하며 즐기는 데 초점이 맞춰져 있으며, 경쟁보다는 협력과 배려를 통해 킥테니스의 매력을 느낄 수 있는 형식입니다.

경기 방식

① 팀 구성과 역할

- 총 3명의 선수가 경기에 참여합니다.

- 2명으로 이루어진 팀은 복식 방식으로, 1명으로 구성된 팀은 단식 방식으로 경기합니다. 복식 팀은 두 선수 간의 협력 플레이가 중요한 반면, 단식 팀은 혼자 모든 플레이를 책임져야 하므로 빠른 판단력과 체력 유지가 요구됩니다.

② 난이도 선택

경기 전 각자 난이도를 설정하여 서로의 운동 능력에 맞게 경기를 진행합니다.

③ 포지션 교대

1게임이 종료되면, 복식 팀의 선수 중 한 명은 단식으로 이동하고, 단식 선수는 복식으로 이동하여 다음 경기를 진행합니다. 이 방식으로 팀원 간 역할을 교대하며 다양한 경기 경험을 쌓고, 모든 선수에게 단식과 복식의 재미를 느낄 수 있게 합니다.

전략과 팁

① 복식 팀의 협력과 단식 선수의 집중력

- 복식 팀은 서로 호흡을 맞추고 각자의 위치와 역할을 잘 분담하는 것이 중요합니다. 한 명이 리시브를 맡으면 다른 한 명은 공격을 준비하여 효율적으로 상대의 공격을 막아냅니다.
- 단식 선수는 상대 팀의 두 명을 상대해야 하므로 더욱 신속한 판단과 체력 유지가 중요합니다. 복식 팀의 약점을 파악하여 공격할 지점을 찾고, 상대가 예측하지 못하는 방향으로 공을 보내며 득점을 노립니다.

② 역할 교대를 통한 경험 확장

복단식 경기는 교대 규칙이 있어 복식과 단식을 번갈아 경험할 수 있습니다. 복식에서의 협동과 단식에서의 책임감을 동시에 배우며, 게임을 다방면으로 이해할 수 있는 기회가 됩니다.

③ 즐거움을 위한 경기

복단식 경기는 승패보다는 서로의 자존심을 세워주고, 부담 없이 즐기는 것을 목표로 합니다. 특히 지기 싫어하는 성향이 강한 선수들이 자존심을 지키며 경기를 즐길 수 있습니다. 이러한 방식은 경쟁적인 분위기보다 팀워크와 배려를 중요하게 여기는 게임 분위기를 만듭니다.

킥테니스

주의 사항

- **상대방의 운동 능력 존중하기**: 복단식 경기는 서로의 실력을 존중하며 진행하는 경기이므로, 상대방의 난이도와 실력에 맞춰 배려하며 플레이합니다. 지나친 공격보다는 서로가 즐길 수 있는 수준에서 공을 주고받도록 유의합니다.
- **체력 조절과 안전에 유의하기**: 혼자서 플레이하는 단식 선수는 체력 소모가 크므로 자신의 체력 상태를 조절하며 경기에 임해야 합니다. 복식 팀도 서로의 안전을 위해 공이 날아오는 방향을 확인하고, 부딪히지 않도록 주의하며 협력합니다.

복단식 경기는 함께 경기를 즐기며 다양한 포지션을 경험할 수 있는 형식으로, 체력뿐만 아니라 정신력과 협력 정신을 키울 수 있는 좋은 기회입니다. 상대방을 존중하고 배려하는 마음으로 플레이하면서 킥테니스의 매력을 더 깊이 느껴보세요.

4
원 바운드 경기

원 바운드 경기는 킥테니스를 처음 배우는 선수에게 적합한 경기 방식입니다. 공이 한 번 바운드된 후에만 플레이할 수 있어 공을 처리할 시간이 더 많아, 킥테니스에 익숙해지기 좋은 입문용 경기입니다.

경기 방식

① 참가 대상

킥테니스를 처음 배우는 선수나 기본기를 다지고자 하는 선수에게 추천합니다. 원 바운드된 공을 연습하며, 킥테니스의 기본 규칙을 쉽게 익힐 수 있습니다.

② 원 바운드 규칙

- **필수 규칙**: 상대 팀에서 넘어오는 공은 반드시 한 번 바운드
  된 후에만 라켓으로 리시브해야 합니다. 노 바운드로 공을
  받지 않도록 주의하며, 공이 바닥에 튀는 순간을 잘 파악하
  는 것이 중요합니다.
- **팁**: 공이 바운드될 때의 위치와 속도를 예측하여 미리 준비
  하고, 균형을 잡은 상태에서 공을 받아야 리시브가 더 정확
  해집니다.

③ 서브 순서

서브는 양 팀이 교대로 진행합니다. 양 팀의 점수 합에 따라
서브가 결정되며, 이는 다음과 같습니다.

- **짝수 점수일 때**: 처음 서브한 팀이 서브를 넣습니다.
- **홀수 점수일 때**: 처음 리시브한 팀이 서브를 넣습니다.

④ 랠리 시 공격과 리시브 교대

- 랠리가 진행될 때는 공격과 리시브를 교대로 합니다. 즉, 한 선수가 공격을 하면 다른 선수는 리시브를 합니다.
- **팁**: 같은 선수가 반복적으로 공격하지 않도록 신경 쓰며, 팀원과 협력하여 원활한 공격과 수비가 이어지도록 합니다. 공이 자신에게 오더라도 교대 규칙을 잘 숙지하여 경기를 진행합니다.

전략과 팁

① 공을 바라보고 예측하기

- 원 바운드 경기는 공이 바닥에 닿은 후 플레이할 수 있으므로, 공의 속도와 바운드 방향을 예측하는 것이 중요합니다. 특히, 공이 바운드되면서 생기는 높이와 방향을 잘 파악하여 준비합니다.
- **연습 팁**: 공이 바닥에 닿는 순간을 정확히 보며 반응하는 연습을 통해 리시브 감각을 키울 수 있습니다.

② 팀원 간 커뮤니케이션

킥테니스

- 팀원 간의 협력은 모든 경기에서 중요하며, 특히 원 바운드 경기에서는 순서대로 공을 주고받아야 하므로 서로의 위치와 역할을 잘 이해하고 소통하는 것이 필수입니다.
- 팁: 랠리 중 누가 공을 받는지 명확히 소리나 손짓으로 의사소통하며, 공격과 수비를 교대로 진행할 수 있도록 합니다.

③ 체력과 밸런스 조절

공이 한 번 바운드된 후에 받을 수 있어 긴장감을 조절할 수 있지만, 수비를 준비하는 동안 집중력을 유지하며 빠르게 움직일 준비가 필요합니다. 경기 중에 집중력을 잃지 않도록 체력과 밸런스를 유지하며 플레이합니다.

주의 사항

- **원 바운드 규칙 숙지**: 원 바운드 경기는 초보자들이 경기 규칙을 익히는 데 매우 유리합니다. 공이 한 번 바운드된 후에만 치는 규칙을 이해하여, 잘못된 타이밍에 공을 치지 않도록 주의합니다.
- **서브 순서와 점수 기억**: 서브를 교대할 때 점수에 따른 서브 순

서를 정확히 기억하며, 틀리지 않도록 점수를 확인하고 경기합니다.

원 바운드 경기는 킥테니스의 기본기를 익히고 실력을 향상시키는 좋은 방법입니다. 규칙에 맞추어 경기하는 즐거움을 느껴보고, 팀원과 협력하는 과정에서 킥테니스의 매력을 경험해보세요!

5
노 바운드 경기

노 바운드 경기는 공이 잘 튀지 않는 표면에서 진행할 때 사용하는 경기 방식입니다. 이 방식은 빠른 반응과 즉각적인 판단력을 필요로 하며, 킥테니스 고수가 되기 위한 도전적인 경기 방식이기도 합니다.

경기 방식

① 사용 상황

주로 공이 잘 바운드되지 않는 표면에서 경기할 때 적용합니다. 흙, 모래, 잔디 등에서 공의 반응을 예측하기 어려운 경우,

노 바운드 경기가 적합합니다.

② 노 바운드 규칙

상대 팀에서 넘어오는 공을 바닥에 닿기 전에 받아야 한다는 것이 핵심 규칙입니다. 공이 바닥에 닿는 순간 실점으로 이어지므로 공의 방향을 주의 깊게 보고 빠르게 반응해야 합니다.

③ 빠른 반응과 준비

공이 바닥에 닿지 않기 때문에 시선이 상대방의 움직임과 공의 궤적에 집중되어야 합니다. 항상 중심을 낮추고, 양발로 균형을 잡은 상태에서 공이 어느 방향으로 오더라도 즉시 반응할 준비를 합니다.

전략과 팁

① 초집중 상태 유지

공이 바닥에 닿지 않도록 하기 위해 경기 내내 상대의 움직임과 공의 궤적을 세밀하게 관찰해야 합니다. 노 바운드 경기는 판단력이 중요한 요소이므로, 집중력을 유지하고 예측력을 키우는 것이 필수입니다.

② 공을 받기 위한 기본 자세

언제든 공을 바로 리시브할 수 있도록 무릎을 약간 굽히고, 상체를 앞으로 숙여 공을 향해 빠르게 이동할 준비를 합니다. 앞꿈치에 힘을 주어 민첩하게 움직일 수 있는 자세를 유지합니다.

③ 적극적인 공격 자세

상대가 빠르게 대응할 수 없도록 낮은 궤적의 공격을 시도하는 것도 좋은 전략입니다. 상대가 노 바운드로 공을 받기 어렵게 다양한 각도와 방향으로 공을 보내는 연습을 합니다.

주의 사항

- **빠른 공 처리 습관**: 공이 바닥에 닿기 전에 리시브해야 하므로, 순간적인 판단력과 공 처리 능력을 키우는 것이 중요합

니다. 훈련을 통해 공을 보자마자 빠르게 반응하는 습관을
기릅니다.

- **공의 높이에 따른 대응**: 낮은 높이로 오는 공은 빠르게 처리하
고, 가슴 높이 이상으로 오는 공은 라켓으로 안정감 있게
처리하는 등 다양한 상황에 맞는 반응 연습이 필요합니다.

노 바운드 경기는 스피드 감각을 기르는 데 유용한 방식으로,
빠른 판단력과 집중력이 요구됩니다. 처음에는 어려울 수 있지
만 연습을 통해 빠르게 반응하는 습관을 익히면 킥테니스의 실
력을 크게 향상시킬 수 있습니다.

6
다인 경기

　다인 경기는 한 팀이 3명 이상으로 구성되어 있으며, 팀원들이 협력하여 공을 컨트롤하며 경기를 진행합니다. 원활한 소통과 팀워크가 필수적이며, 규칙을 잘 숙지하여 안전하게 플레이해야 합니다.

기본 규칙

- **팀 구성**: 한 팀당 3명 이상으로 구성됩니다.
- **터치 횟수 제한**: 다인 경기에서는 한 팀이 공을 최대 6회(3바운드, 3터치)까지 터치할 수 있습니다. 이 횟수를 초과하지 않도록 주의해야 합니다.

- **예시**: A팀이 공을 받았을 때, 최대 6회 안에 상대 팀으로 공을 넘겨야 합니다. 이때 6회 내에 공을 넘기지 않으면 상대 팀에 점수가 주어집니다.

주의 사항 및 안전 수칙

- **소통의 중요성**: 다인 경기에서는 공을 받을 사람이 명확히 정해지지 않으면 충돌이 발생할 수 있습니다. 공을 받으려는 사람이 큰 목소리로 "나!" 또는 "마이!"라고 외쳐, 팀원들에게 자신이 받을 것임을 알립니다.
- **팀워크 유지**: 팀원 간의 원활한 소통을 통해 불필요한 충돌을 방지하고, 각자가 맡은 위치에서 역할을 잘 수행하는 것이 중요합니다.
- **공 위치 확인**: 상대가 공격할 때, 팀원들은 공의 방향과 위치를 주의 깊게 관찰하고, 서로 협력하여 빠르게 반응해야 합니다.

7
10분 게임

10분 게임은 정해진 시간 동안 더 많은 점수를 획득한 팀이 승리하는 경기 방식입니다. 제한 시간이 있어 빠르고 효율적인 플레이가 중요하며, 경기 중 시간 지연이 발생하지 않도록 주의해야 합니다.

기본 규칙

- **경기 시간**: 한 게임은 10분 동안 진행됩니다. 정해진 10분 안에 더 많은 득점을 한 팀이 이기게 됩니다.
- **점수 인정**: 10분이 종료되는 시점에서 진행 중인 점수는 인정됩니다. 즉, 10분 경기 종료 후 진행되어 득점이 발생할

경우, 득점은 유효합니다.

- **동점 상황 해결**: 10분이 지나고 양 팀의 점수가 동점일 경우가 발생합니다. 듀스가 발생하면 추가 라운드를 통해 1점을 먼저 획득하는 팀이 승리합니다.

- **예시**: 10분 후 14:14로 동점일 때 추가 라운드를 진행하며, 한 팀이 1점을 먼저 획득하면 경기가 종료됩니다.

주의 사항 및 시간 지연 경고

- **시간 지연 방지**: 경기 도중 시간 지연을 하는 행위는 페어플레이에 어긋나며, 심판이 이를 판단하여 경고를 줍니다.

- **시간 지연 경고**: 경고 시 상대 팀에 1점이 추가됩니다.

- **경고 예시**: 공을 지나치게 오래 소유하고 있는 경우, 고의로 시간을 끌며 플레이를 진행하지 않는 경우 등이 포함됩니다.

킥테니스

8
단체전

단체전 개요

단체전은 여러 명의 선수들이 팀을 이루어 다양한 경기 유형을 통해 상대 팀과 경쟁하는 방식입니다. 각 선수는 자신의 경기 방식에 맞게 최선을 다해야 합니다.

경기 구성

단체전은 총 5경기로 구성되어 있으며, 각 경기 유형은 다음과 같습니다.

① 1경기 - 남자복식

남자 2명이 한 팀을 이루어 복식 경기를 진행합니다.

② 2경기 - 여자복식

여자 2명이 한 팀을 이루어 복식 경기를 진행합니다.

③ 3경기 - 혼합복식

남자와 여자가 한 팀을 이루어 혼합복식 경기를 진행합니다.

④ 4경기 - 남자단식

남자 1명이 단식 경기를 진행합니다.

⑤ 5경기 - 다인 혼합복식

남녀가 섞여 3:3, 4:4 등 다양한 인원 조합으로 경기를 진행할 수 있습니다. 각 팀이 다인 경기의 전략을 세워야 합니다.

킥테니스

점수 규칙

- **단식 경기**: 11점을 먼저 획득한 선수가 승리합니다.
- **복식 경기**: 15점을 먼저 획득한 팀이 승리합니다.
- **팀 승리 조건**: 총 5경기 중 3경기를 먼저 이긴 팀이 최종 승리합니다.

주의 사항 및 경기 전략

- **경기 전 준비**: 각 경기가 서로 다른 유형으로 구성되어 있으므로, 팀원들 간에 사전 전략을 논의하는 것이 중요합니다. 예를 들어, 다인 혼합복식에서는 팀원들의 조합에 따라 다양한 전략을 사용할 수 있습니다.
- **선수 관리**: 각 경기를 승리하기 위해 상황에 맞게 단식에 출전하는 선수, 복식에 출전하는 선수를 구성하고 출전 전략을 조정합니다.
- **소통과 협력**: 특히 복식 경기에서는 팀원 간의 소통이 승패를 좌우할 수 있습니다. 경기 중에도 지속적으로 상대 팀의 움직임을 관찰하고, 팀원과 소통하며 전략을 수정합니다.

11

정리와 평가

1
경기 등급

등급의 필요성

킥테니스는 다양한 실력을 가진 선수들이 함께 즐길 수 있는 스포츠입니다. 각 선수는 자신의 운동 능력과 기술 수준에 맞는 등급을 선택하여 함께 경기합니다. 이를 통해 공정한 경기를 유지하고, 자신에게 맞는 방식으로 기술을 연습할 수 있습니다.

등급 선택 방법

각 선수는 킥테니스 평가표를 참고하여 자신의 기술 수준에 맞는 등급을 선택한 후 경기에 참여합니다.

- **상급자**: 1등급, 킥테니스의 기본 기술에 능숙한 선수
- **중급자**: 2~3등급, 어느 정도 기본기를 갖춘 중간 수준의 선수
- **초급자**: 4~5등급, 처음 시작하거나 기본 기술을 연습 중인 초보 선수

등급별 규칙 및 기술

아래 표는 각 등급에 따라 다른 규칙을 적용한 내용입니다. 각 등급에서 사용하는 서브, 터치 횟수, 리시브 방법 등이 다르므로 참고하여 경기에 임합니다.

등급	서브 방식	리시브 및 공격 방식
상급 1등급	발(노 바운드)	원 바운드 이내 리시브, 노 바운드 발
중급 2~3등급	발(노 바운드)	원 바운드 이내 리시브, 원 바운드 이내 발
초급 4~5등급	라켓(노 바운드)	원 바운드 이내 리시브, 원 바운드 이내 라켓

주의 사항 및 플레이 전략

- **서브와 리시브 방식**: 각 등급에 맞는 서브와 리시브 방식을 익히고 적용하는 것이 중요합니다. 중상급자는 발로 서브하고, 초급자는 라켓을 사용합니다.
- **터치 횟수 관리**: 상급은 노 바운드 공격만 가능하므로, 공을 빠르게 처리하는 능력이 요구됩니다. 초급은 원 바운드가 가능하여 조금 더 여유롭게 공을 다룰 수 있습니다.
- **기술 연습**: 자신의 등급에 맞춰 기술을 익히고 점진적으로 발전시키며, 상위 등급으로 도전할 수 있도록 꾸준히 연습합니다.

킥테니스

2
킥테니스 7330 운동과 7530 운동

킥테니스는 재미있게 운동하면서 건강을 유지할 수 있는 훌륭한 스포츠입니다. 7330 운동과 7530 운동으로 규칙적인 신체 활동을 통해 건강을 유지하고 질병을 예방하는 데 효과적입니다.

킥테니스 7330 운동이란?

7330 운동은 '일주일(7일)에 3번 하루 30분씩 운동하자'라는 의미를 담고 있습니다. 운동으로 신체를 규칙적으로 움직이며 건강을 관리하는 데 초점을 맞추고 있습니다.

① 킥테니스 7330 운동 효과

- **심폐기능 강화**: 킥테니스는 뛰고, 차고, 움직이는 운동이기 때문에 심장이 더 건강해지고 폐활량이 증가합니다.
- **근육과 관절의 강화**: 하체 근육뿐 아니라, 몸의 중심 근육(코어)도 강화됩니다.
- **스트레스 해소**: 빠르게 공을 차고 목표를 달성하는 과정에서 스트레스가 줄어들고 정신적 안정감을 느낄 수 있습니다.
- **비만 예방**: 30분 동안 꾸준히 킥테니스를 하면 칼로리 소모가 높아져 체중 관리에 도움이 됩니다.

킥테니스

② 실천 방법

- 하루 30분 이상 킥테니스를 하는 목표를 세웁니다.
- 가족, 친구, 또는 동료들과 함께라면 더 재미있고, 꾸준하게 실천하기 좋습니다.
- 따로 경기가 어렵다면, 혼자 맨손 운동만으로도 충분한 운동 효과를 얻을 수 있습니다.

킥테니스 7530 운동이란?

7530 운동은 '일주일에 5일 하루 30분씩 운동하자'라는 의미를 담고 있습니다. 7530 운동은 조금 더 실천하여 일상 속에서

건강을 관리할 수 있습니다.

① 실천 방법

- 주중 5일 동안 꾸준히 킥테니스를 연습합니다.
- 남은 2일은 충분히 쉬거나, 가벼운 스트레칭이나 산책으로 몸을 풀어줍니다.
- 규칙적인 시간대를 정해 일정을 지키는 것이 중요합니다. 예를 들어, 방과 후 30분씩 꾸준히 운동하는 습관을 만들어보세요.

킥테니스 7530의 운동 효과

7330과 7530 운동은 건강한 생활을 도와줍니다. 운동을 실천하면, 신체적 건강과 함께 사회적 건강도 얻을 수 있습니다.

- **신체적 건강**: 규칙적인 운동은 근육, 심장, 폐를 건강하게 만들어 전반적인 체력 향상에 기여합니다.
- **사회적 건강**: 킥테니스는 여러 사람이 함께할 때 더욱 재미있습니다. 친구들과 함께 운동하며 자연스럽게 팀워크와

협동심을 기를 수 있습니다.

킥테니스로 실천하는 방법 제안

7330이나 7530 운동을 쉽게 실천할 수 있도록 다음과 같은 방식을 추천합니다.

- **학교 체육 시간 활용**: 친구들과 팀을 이루어 킥테니스 경기를 즐깁니다.
- **가족과 주말 운동**: 가족들과 함께 가벼운 경기를 하며 유대감을 형성합니다.
- **운동 기록 관리**: 오늘 몇 분을 운동했는지 기록하며 목표를 달성하는 재미를 느껴보세요.

킥테니스는 누구나 쉽게 배워서 즐길 수 있는 스포츠입니다. 7330과 7530 운동은 단순한 숫자가 아니라, 건강하고 활기찬 삶을 만드는 실천 방법입니다. 매일 꾸준히 킥테니스를 즐기며 건강한 몸과 마음을 만들어봅시다!

12

킥테니스 등급표

1
킥테니스 등급표

KICKtennis Ball Sports Level Test System

킥테니스 등급 산정

평가 내용 (1문제 10점, 10문제 합계 100점)	점수	A 이름: 개 (점수)	B 이름: 개 (점수)
1) 바닥 → 라켓 오른쪽 면(손바닥 위)으로 순서대로 공 치기	10점		
2) 바닥 → 라켓 왼쪽 면(손등 위)으로 순서대로 공 치기	10점		
3) 바닥 → 라켓 오른쪽 → 라켓 왼쪽으로 번갈아 공 치기	10점		
4) 라켓 오른쪽 면으로 공 잡기(공 정지), 왼쪽 면으로 공 잡기(공 정지) 10회(5점) • 바닥 → 라켓 오른쪽 면(공 정지), 바닥 → 라켓 왼쪽 면(공 정지) 공 멈추기 10회 (5점)	10점		
5) 라켓 오른쪽 면(손바닥 위)으로 키 높이로 공 치기	10점		
6) 라켓 왼쪽 면(손등 위)으로 키 높이로 공 치기	10점		
7) 라켓 오른쪽, 왼쪽으로 번갈아 공 치기	10점		
8) 라켓으로 공을 아래로 치기	10점		
9) 바닥 → 라켓 → 발 순서대로 공 치기	10점		
10) 바닥 → 발 순서대로 공 치기 10회(5점) • 발 → 라켓 순서대로 공 치기 10회(5점)	10점		
점수(합계)	100점		

배려 랠리	공을 라켓으로 받고 라켓(발)로 넘기기 횟수(점수) (1개 10점, 횟수)		
복식	공을 1인 라켓으로 받고 1인 라켓(발)로 넘기기 횟수(점수) (1개 10점, 횟수)		
교대	공을 1인 라켓으로 받고 1인 라켓(발)로 넘기기 횟수(점수) (1개 10점, 횟수) 1공격, 1수비		

- 0~29점: 아주 낮음(5등급)
- 30~49점: 낮음(4등급)
- 50~69점: 보통(3등급)
- 70~89점: 높음(2등급)
- 90~100점: 아주 높음(1등급)

킥테니스 등급표는 12개의 구기 종목(배드민턴, 테니스, 탁구, 축구, 족구, 세팍타크로, 핸드볼, 야구, 배구, 농구, 골프, 킥테니스)의 기본 동작을 응용하여 선수의 실력을 횟수로 측정하고 평가하는 시스템입니다. 이를 통해 각 종목에 대한 기본 능력을 파악하고, 각자의 운동 능력에 맞는 구기 종목을 추천할 수 있습니다.

- **각 종목의 기본 동작**: 종목의 대표적인 동작
  - 배드민턴: 라켓으로 셔틀콕을 치는 동작

- 테니스: 테니스 라켓으로 공을 치는 동작

- 탁구: 탁구 라켓으로 공을 치는 동작

- 축구: 발로 공을 차는 동작

- 족구: 발로 공을 차 넘기는 동작

- 세팍타크로: 발로 공을 네트 위로 차 넘기는 동작

- 핸드볼: 손으로 공을 던지는 동작

- 야구: 배트로 공을 치는 동작

- 배구: 손으로 공을 스파이크하는 동작

- 농구: 농구공을 던지는 동작

- 골프: 골프채로 공을 치는 동작

- 킥테니스: 라켓으로 공을 치거나 발로 공을 차는 동작

킥테니스 평가표(KICKtennis score sheet) 응용된 구기 종목 (점수 높은 항목이 잘하는 구기 종목임)									
구분	1	2	3	4	5	6	7	8	9
종목 동작 및 연관 구기 종목	배드민턴	테니스	탁구	축구	족구	세팍타크로	야구	배구	골프
1) 바닥 → 라켓 오른쪽 면(손바닥 위)으로 순서대로 공 치기	●	●	●				●	●	●
2) 바닥 → 라켓 왼쪽 면(손등 위)으로 순서대로 공 치기	●	●	●				●	●	●

3) 바닥 → 라켓 오른쪽 → 라켓 왼쪽으로 번갈아 공 치기	●	●	●				●	●	●
4) 라켓 오른쪽 면으로 공 잡기(공 정지), 왼쪽 면으로 공 잡기 (공 정지) 5회(점) • 바닥 → 라켓 오른쪽 면(공 정지), 바닥 → 라켓 왼쪽 면 (공 정지) 공 멈추기 5회(점)	●	●	●				●	●	●
5) 라켓 오른쪽 면(손바닥 위)으로 키 높이로 공 치기	●	●	●				●	●	●
6) 라켓 왼쪽 면(손등 위)으로 키 높이로 공 치기	●	●	●				●	●	●
7) 라켓 오른쪽, 왼쪽으로 번갈아 공 치기	●	●	●				●		
8) 라켓으로 공을 아래로 치기	●	●	●				●	●	●
9) 바닥 → 라켓 → 발 순서대로 공 치기	●	●	●	●	●	●	●	●	●
10) 바닥 → 발 순서대로 공 치기 10회(점) • 발 → 라켓 순서대로 공 치기 10회 (점)	●	●	●	●	●	●	●	●	●

킥테니스

2
등급표의 개념 및 활용

등급표의 주요 개념

- **다양한 구기 종목에 대한 종합적인 평가**: 각 종목에서 필요한 기초 동작을 응용하여 선수의 구기 능력을 점수화하고 등급을 매깁니다.
- **구기 종목 처방**: 평가 결과를 바탕으로 각 선수에게 적합한 구기 종목을 추천하고, 부족한 부분을 보완할 수 있도록 맞춤형 훈련 방법을 제공합니다.

측정 항목 및 방법

각 동작은 반복 횟수를 기준으로 측정되며, 각 구기 종목에서 요구되는 다양한 기초 동작을 응용하여 수행됩니다.

① 기본 평가 항목

측정 기준은 연속 횟수 (1문제 10점, 총 100점)
1) 바닥 → 라켓 오른쪽 면(손바닥 위)으로 순서대로 공 치기 - 배드민턴, 테니스, 탁구, 야구, 배구, 골프, 킥테니스
2) 바닥 → 라켓 왼쪽 면(손등 위)으로 순서대로 공 치기 - 배드민턴, 테니스, 탁구, 야구, 배구, 골프, 킥테니스
3) 바닥 → 라켓 오른쪽 → 라켓 왼쪽으로 번갈아 공 치기 - 배드민턴, 테니스, 탁구, 야구, 배구, 골프, 킥테니스
4) 라켓 오른쪽 면으로 공 잡기(공 정지), 왼쪽 면으로 공 잡기(공 정지) 5회(점) - 배드민턴, 테니스, 탁구, 킥테니스 • 바닥 → 라켓 오른쪽 면(공 정지), 바닥 → 라켓 왼쪽 면(공 정지) 공 멈추기 5회 (점) - 배드민턴, 테니스, 탁구, 야구, 킥테니스
5) 라켓 오른쪽 면(손바닥 위)으로 키 높이로 공 치기 - 배드민턴, 테니스, 탁구, 야구, 배구, 골프, 킥테니스
6) 라켓 왼쪽 면(손등 위)으로 키 높이로 공 치기 - 배드민턴, 테니스, 탁구, 야구, 배구, 골프, 킥테니스
7) 라켓 오른쪽, 왼쪽으로 번갈아 공 치기 - 배드민턴, 테니스, 탁구, 야구, 배구, 골프, 킥테니스
8) 라켓으로 공을 아래로 치기 - 배드민턴, 테니스, 탁구, 야구, 골프, 킥테니스
9) 바닥 → 라켓 → 발 순서대로 공 치기 - 배드민턴, 테니스, 탁구, 축구, 족구, 세팍타크로, 야구, 배구, 골프, 킥테니스

10) 바닥 → 발 순서대로 공 치기 5회(점)
 - **축구, 족구, 세팍타크로, 킥테니스**
• 발 → 라켓 순서대로 공 치기 5회(점)
 - **배드민턴, 테니스, 탁구, 축구, 족구, 세팍타크로, 킥테니스**

② 필요 기구

• **킥테니스 공**: 속도를 줄여주는 폴리우레탄 소재
• **킥테니스 라켓**: 탁구 라켓보다 크고, 배드민턴 라켓보다 무거움

등급표의 특징

• **종합적인 구기 스포츠 능력 평가**: 12개 종목의 기초 동작을 횟수로 평가
• **구기 운동 처방 제공**: 평가 결과에 따라 필요한 운동을 추천
• **선택적 평가**: 시간과 장소에 따라 평가 항목을 조절할 수 있음
• **다목적 평가**: 한 공간에서 12개 종목의 기본 동작을 평가
• **신체 활동 지원**: 구기 능력 습득과 체력 증진을 목표
• **평가와 훈련**: 평가 후 부족한 동작을 집중 연습하여 구기 종목에 대한 이해와 숙련도를 높임

- **맞춤형 시스템**: 개인의 능력과 흥미에 맞춘 구기 능력 제공
- **사회적 효과**: 구기 종목의 즐거움과 체력 관리를 통해 국가 차원의 건강 증진

평가 등급

- **90~100점**: 1등급(아주 높음)
- **70~89점**: 2등급(높음)
- **50~69점**: 3등급(보통)
- **30~49점**: 4등급(낮음)
- **0~29점**: 5등급(아주 낮음)

활용 방법

- **구기 능력의 변화 기록**: 평가를 통해 나의 실력을 한눈에 파악하고, 목표 등급을 설정하여 발전해나감
- **적절한 운동 추천 및 처방**: 낮은 점수를 받은 동작을 연습하여 점수를 높이고, 체력과 기술을 함께 향상

킥테니스

- **구기 종목에 대한 흥미 유발**: 나만의 구기 능력을 개선하여 다양한 종목을 즐길 수 있는 자신감 형성
- **국가 경쟁력 강화**: 체력 관리와 의료비 절감을 통한 사회적 기여

13

킥테니스 등급표 고득점 방법

1
기초

킥테니스 등급표 고득점 방법

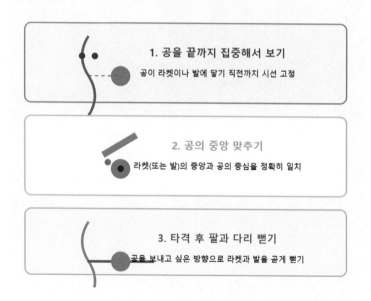

1. 공을 끝까지 집중해서 보기
공이 라켓이나 발에 닿기 직전까지 시선 고정

2. 공의 중앙 맞추기
라켓(또는 발)의 중앙과 공의 중심을 정확히 일치

3. 타격 후 팔과 다리 뻗기
공을 보내고 싶은 방향으로 라켓과 발을 곧게 뻗기

킥테니스 등급표에서 좋은 점수를 얻기 위해서는 기본적인 공 조작법을 익히는 것이 중요합니다. 아래의 세 가지 방법을 실천하여 공을 정확하고 안정적으로 다루는 능력을 길러보세요.

공을 끝까지 집중해서 보기

공이 라켓이나 발에 닿기 직전까지 공을 주시하세요. 시선을 공에 집중하는 것이 안정적인 타격에 큰 도움이 됩니다.

공의 중앙 맞히기

라켓(또는 발)의 중앙과 공의 중심을 정확히 맞추어 치세요. 이때, 공의 움직임을 예측하고 중앙으로 맞추는 연습을 반복하세요.

타격 후 팔과 다리 뻗기

  공을 맞힌 후, 라켓과 발을 공 보내고 싶은 방향으로 곧게 뻗어주세요. 이 동작은 공의 방향성을 유지하고 안정된 타격을 돕습니다.

2
공의 방향 이해하기

공의 방향을 제어하는 방법을 배우는 것은 고득점을 위한 중요한 요소입니다.

공의 경로 비교 실험

- 1m 높이에서 공을 떨어뜨리며, 다음 방법으로 공이 어떻게 움직이는지 확인해보세요.
- 라켓을 지면과 평행하게 놓고 공을 한번 떨어뜨립니다.
- 라켓을 10~30도 기울인 후 공을 떨어뜨려봅니다.
- 각 방법에 따라 공의 움직임이 어떻게 달라지는지 확인하여 라켓의 각도가 공의 방향에 미치는 영향을 이해하세요.

라켓 면과 공 방향의 각도 맞추기

공을 칠 때, 라켓의 면(또는 발 면)은 지면과 평행하게, 공의 진행 방향과 직각이 되도록 맞추세요. 이를 통해 공의 정확한 방향을 조절할 수 있습니다.

킥테니스

14

구포자(구기 종목 포기자) 구출 작전

1
구기 종목에 자신감 키우기

구포자란 구기 종목에 관심이 없거나 어려움을 느끼는 사람을 말합니다. 구포자가 운동에 흥미를 잃지 않도록 단계적으로 공과 친해지는 연습을 해봅시다.

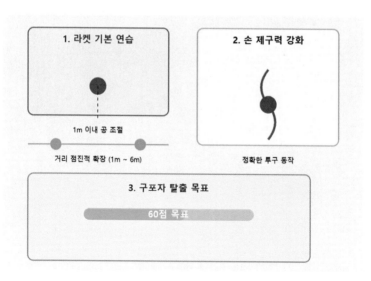

라켓 기본 연습

- **킥테니스 등급표로 공 치기 연습**: 공을 순서대로 10번 치면서, 공이 몸에서 1m 이상 멀어지지 않도록 조절해보세요. 이 연습을 통해 공의 움직임을 몸 가까이 유지하는 능력을 키울 수 있습니다.
- **거리를 늘려가며 리시브 공격 연습**: 처음에는 짧은 거리에서 공을 주고받는 연습을 하고, 이후 점점 거리를 늘려 1m, 2m, 3m, 4m, 5m, 6m에서 랠리를 11회 이상 이어갈 수 있도록 연습합니다. 이러한 연습은 구기 종목에 대한 자신감을 키우는 데 도움이 됩니다.

손 제구력 강화 연습

- **정확하게 공 던지기 연습**: 투구 동작을 할 때, 팔을 위로 젖힌 후 앞으로 던지며 목표 지점을 바라보세요. 목표 타깃과 디딤발의 축을 기준으로 지면과 닿는 지점을 설정하고, 그 방향으로 공을 던지는 연습을 반복하여 정확도를 높입니다.

구포자 탈출 목표 설정

- 구포자 탈출 목표 점수는 킥테니스 등급표 60점 이상입니다. 꾸준히 연습하여 공의 타격 감각과 방향 제어 능력을 키우고, 공에 대한 두려움을 없애 구기 종목을 즐길 수 있도록 노력합니다.
- **팁**: 공이 닿는 순간까지 시선을 유지하고 공의 중심을 맞히는 것이 중요합니다.

꾸준한 연습을 통해 구기 종목의 기본 동작을 습득하고, 등급을 올려 구기 스포츠를 평생 즐길 수 있는 건강한 습관을 기르세요!

2
구포자 없는 행복한 세상 만들기 플랜

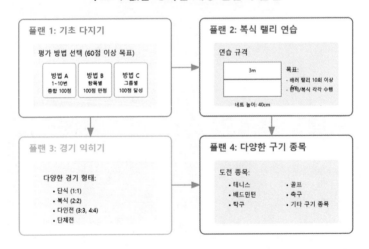

구포자 없는 행복한 세상 만들기 플랜

플랜 1: 기초 다지기

평가 방법 선택 (60점 이상 목표)

방법 A	방법 B	방법 C
1~10번	항목별	그룹별
종합 100점	100점 만점	100점 달성

플랜 2: 복식 랠리 연습

연습 규격

3m

네트 높이: 40cm

목표:
- 배려 랠리 10회 이상
- 단식/복식 각각 수행

플랜 3: 경기 익히기

다양한 경기 형태:
• 단식 (1:1)
• 복식 (2:2)
• 다인전 (3:3, 4:4)
• 단체전

플랜 4: 다양한 구기 종목

도전 종목:
• 테니스   • 골프
• 베드민턴   • 축구
• 탁구   • 기타 구기 종목

플랜 1 - 공과 라켓, 공과 발의 중심점 익히기

- **목표**: 킥테니스 평가표 기준 100점 만점 중 60점 이상 획득
- **방법**: 다음 세 가지 방법을 60점 이상 목표로 연습합니다.
- 방법 A: 각 연습을 1번부터 10번까지 진행
- 방법 B: 각 항목별로 평가
- 방법 C: 1~5번, 6~10번 평가
- **설명**: 공과 라켓, 공과 발의 중심을 정확히 맞추는 연습은 킥테니스의 기본입니다. 평가표를 통해 스스로 점수를 매기며 공을 다루는 능력을 키워보세요.

플랜 2 - 복식 랠리로 공의 움직임과 컨트롤 익히기

- **목표**: 공의 움직임(상하좌우 방향, 거리, 속도, 회전)을 이해하고 라켓으로 공을 컨트롤할 수 있는 능력을 키웁니다.
- **연습 방법**
- 연습 목표: 단식과 복식에서 배려 랠리를 각각 10번 이상 성공하기
- 추가 팁: 처음에는 더 짧은 거리(네트 높이도 낮게 설정)에서 배려 랠리를 연습하면 공의 중심을 맞히는 것이 더 쉬워짐

킥테니스

니다. 이를 통해 공에 대한 감각을 자연스럽게 익혀보세요.

플랜 3 - 구기 종목 이해 및 익숙해지기

- **목표**: 구기 종목의 다양한 경기 방식을 경험하며 익숙해지기
- **연습 방법**: 킥테니스 경기(예: 남녀단식 1:1, 복식 2:2, 3:3, 4:4 등)
- 경기 형태: 단식, 복식, 복단식, 다인전, 단체전 등 다양한 방식으로 경기를 진행하여 구기 종목의 특성과 재미를 느껴보세요. 이 연습을 통해 협동심과 경기 이해도를 높일 수 있습니다.

킥테니스 평가표 10개와 배려 랠리 2개 경기 진행하기 - 총 12게임

- **예시**: 10명이 연습하는 경우
- 10명 중 최고 에이스 2명이 가위바위보로 이긴 팀과 진 팀을 나눕니다.
- 이긴 팀과 진 팀을 5명씩 나누어 5:5 팀 구성
- 1:1로 점수를 매겨 경기 진행

- 5승을 먼저 거둔 팀이 최종 승리

이 방식으로 팀의 협동심과 경쟁력을 키울 수 있습니다.

플랜 4 - 익힌 기술로 구기 종목 즐기기

- **목표**: 킥테니스에서 익힌 기술을 활용하여 다양한 구기 종목을 즐길 수 있도록 합니다.
- **연습 방법**: 테니스, 배드민턴, 탁구, 골프, 축구 등 인기 구기 종목에 도전하여 즐겨보세요. 킥테니스로 쌓은 기본기를 바탕으로 다양한 스포츠를 경험해보면서 자신감을 키워봅시다.

※ 그림 출처

- ChatGPT에서 생성: p.15, p.16, p.18, p.20, p.174, p.175, p.180
- 클로드에서 생성: p.22, p.26, p.27, p.29, p.36, p.60, p.61, p.73, p.77, p.84, p.88, p.92, p.102, p.109, p.114, p.116, p.122, p.128, p.132, p.145, p.146, p.192, p.198, p.201

킥테니스